未来への遺産

東北大学大学院文学研究科
講演・出版企画委員会
編

A Legacy to the Future

Lecture Series in Humanities and Social Sciences XI

Lecture and Publication Planning Committee
in Graduate School of Arts and Letters at Tohoku University
Tohoku University Press, Sendai
ISBN978-4-86163-338-6

口絵１　フランス、ドゥフォール岩陰遺跡の発掘調査

口絵2 『大塔物語』嘉永4年（1851）刊本。全45丁。楮紙。寸法 縦28.7cm、横19.6cm。画像は、東北大学附属図書館 狩野文庫蔵本。

口絵 3　カリーニングラード大学（現・バルト連邦大学）前のカント像

口絵 4-1　モスクワ・赤の広場の外側からの眺望
（クレムリンのスパスカヤ塔と聖ヴァシリー大聖堂）

口絵 4-2　キジ島の軒下での 1 コマ

口絵 5　ノーム・チョムスキーの著作

目次

東北大学大学院文学研究科
講演・出版委員会

浅岡善治（代表）
片岡龍
嶋﨑啓
杉本欣久

企画協力

高橋章則

はじめに

二〇一七年一二月、宮城県北部で大崎市、色麻町、加美町、涌谷町、美里町の一市四町にまたがる「大崎耕土」が国連食糧農業機関（FAO）によって「世界農業遺産」に認定されました。このことを記念し、二〇一八年度の東北大学大学院文学研究科と市民のセミナー「第一七期　有備館講座」、および東北大学大学院文学研究科・市民のための公開講座「第一一期　齋理蔵の講座」では、「勝手に世界遺産」と題して、本研究科の教員がそれぞれの専門分野から広く「遺産」について考える公開企画を計一〇回にわたり実施しました。本書はそれらの内容を基に執筆・編集されたものです。

本書の扱う対象は旧石器時代の考古学から中世日本の軍記物語、そして初期近代のドイツ哲学、ロシア・ソ連史、英語学と多岐にわたりますが、各章はおよそ時系列の構成で配置されています。第一章は、フランスのラスコー、スペインのアルタミラといった、ユネスコの「世界文化遺産」として名高い旧石器時代の洞窟壁画を取り上げ、その学問的研究状況と「普遍的価値」について考えます。考古学の方法上の特性が丁寧に解説される一方で、人類の審美性、抽象的思考、象徴性、予測性・計画性など、議論の射程は壮大です。第二章は、室町時代の古典『大塔物語』のテキスト分析に基づいて、その文学的意義、文化的意義を明らかにします。一般には軍記物語にカテゴライズされる同書ですが、警世の書、行装の文学、在地の文学、鎮魂の文学など、その多様な特質に順次スポットが当てられ、それらすべての基礎にある「遺産」、日本式の「漢学リテラシー」がクローズアップされます。第三章は、啓蒙期のドイツを代表する哲学者イマヌエル・カント（一七二四－一八〇四年）の「平和の歴史哲学」を取り上げます。一般にカントの著作は難解とされていますが、「永遠平和」という、二一世紀の現代においてますます切実さを増している課題に先駆的に取り組んだ偉大な先達の思索の軌跡が分かりやすく解説されます。第四章は、旧ロシア帝国、旧ソ連、そして現代のロシア連邦について、「遺産」の観点から歴史的かつ多面的にアプローチを試みます。かつてはしばしば安全保障上の直接的脅威と見られ、現在も「近くて遠い隣国」とされがちな同国が、日本とも多くの共通点を持ち、同じ歴史的時間を共有していたことが強調されます。最終章の第五章は、英語の省略表現と不定詞の用法から、いわゆる「普遍文法」について紹介します。「普遍文法」は一般にはなじみの薄い対象ですが、こちらもまた人間の合理的思考や予知計画性、そして様々な文化事象の全てを根底で支え、世代を超えて継受されていく重要な「遺産」に他なりません。

「遺産」とは、先人が「遺《のこ》」した財「産」であり、資産のみならず負債もまた相続されるように、マイナス的価値を持つ、いわゆる「負の遺産」も存在しています。いずれにせよ、我々はいかなる活動領域においても「白紙状態」から出発することは稀で、多かれ少なかれ先人の営為の恩恵を受け、あるいはそれに強く呪縛されています。望むと望まざると、確固として我々の現在の立脚点を構成しているこれら諸々の「遺産」がどのような経緯で形成され、現代の我々、そして未来の世代にとってどのような意味を持つのかを知ることは、今をより良く生き、さらにより良い未来を展望するための必須の前提条件の一つと言えるでしょう。それぞれの専門分野に熟達した文学研究科の教員五名が、様々な角度から「未来への遺産」にアプローチする本書が、読者の皆様方の知的探究のヒントとなることを心から願っております。

二〇一九年八月

編者

ラスコーを生み出した日常生活

阿子島　香

1 ラスコーを生み出した日常生活

阿子島　香

一．はじめに

祖先たちが残した数ある文化遺産のなかでも、特に人類全体にとって顕著な普遍的価値があるものが、ユネスコによって「世界文化遺産」に登録されていることはご承知の通りです。ここでは「普遍的」ということが非常に重要とされます。それは一つの民族や国家、たとえば「我が国」というような特定の立場に立ったものではないということです。それでは今回、取り上げて解説していく「クロマニョン人の洞窟壁画」は、どのような普遍性を持つのでしょうか。私たち日本人という立場から見て、いったいどのように納得されるのだろうかと、あえて考えてみることにいたしましょう。

二. 洞窟壁画の空間と時間

(一) フランコ・カンタブリア美術

この洞窟壁画なるものは、どのような存在なのでしょうか、その概略を見てみましょう。教科書や参考書にも載っているような遺跡として、フランス南部にあるラスコー、そしてスペイン北部にあるアルタミラは特に名高いものです。旧石器時代の洞窟壁画は、分布する地域が限定されていて、たいへん独特な様相があります。時代としては、後期旧石器時代を通して、制作され続けました。2万年以上にわたって、脈々と作られ続けたというだけでも驚嘆すべきことです。加えて、ヨーロッパ南部に限られているという地理的な分布、地域的なスタイルともいうべき特徴の存在、洞窟内部の利用方式の一貫性、描かれたモチーフの統一性、題材の分類と組み合わせの法則的な傾向など、この文化現象は世界先史学のテーマとしても、とても貴重な資料といえます。

ラスコーの壁画は、人類の美術史の第一ページを飾るといっても過言ではありません。これらの傑作芸術は、いつ、誰によって、どのような脈絡で、描かれたのでしょうか。そして、いったい何のために作られたのでしょうか。ラスコーが代表的といわれるのは、その水準、完成度、また奇跡的な保存状況に因りますが、同種の壁画美術は、かなり広い地域に、そして長い年月にわたって作られ、非常に多数が残されています。

まず、どこに、どれだけ存在しているかということですが、少なくともフランスに約一四〇ヶ所、スペイン北部に約八〇ヶ所が確認されています。両地域だけで二二〇カ所以上にもなりますが、スペイン北部のことをカンタブリア地方とも言いますので、これらの壁画洞窟に対して「フランコ・カンタブリア美術」という名が与えられています。フランスでは、ほぼ南半部に限られます。洞窟の壁にわずかに顔料が残っている程度のものも、壁画洞窟として分類される場合もあります。

壁画の種類や様相はじつにさまざまですが、大別すると、顔料を塗るタイプと、線を刻んでモチーフを表すタイプとに分けられます。顔料は、黒色や赤色が中心で、ポリクロームという多色画がラスコーのような傑作洞窟では目立ちます。顔料は鉱物性のものが多く使用され、鳥の骨や植物の茎を使って吹き付けたり、口に含んで吹いたりする方法も行われたことが、実験考古学によって明らかにされています。刻線は、彫刻刀などの石器の刃を巧みに使用して、石灰岩などの比較的軟質の壁面に彫られたものです。図1は、フランス南西部のドゥフォール岩陰遺跡（後述）で出土した彫刻刀の実測図です。

洞窟壁画を残したのは、ヨーロッパに生息していた人類のうち、新人であるクロマニョン人に限られます。アフリカで進化した新人は、中近東を経てヨーロッパに流入し、先住の人類であったネアンデルタール人と交替したのです。およそ四万年から三万年前の間のことですが、数千年間にわたって、両者は共存していました。壁画はほぼ例外なく、深い暗黒の洞窟内部に残されています。

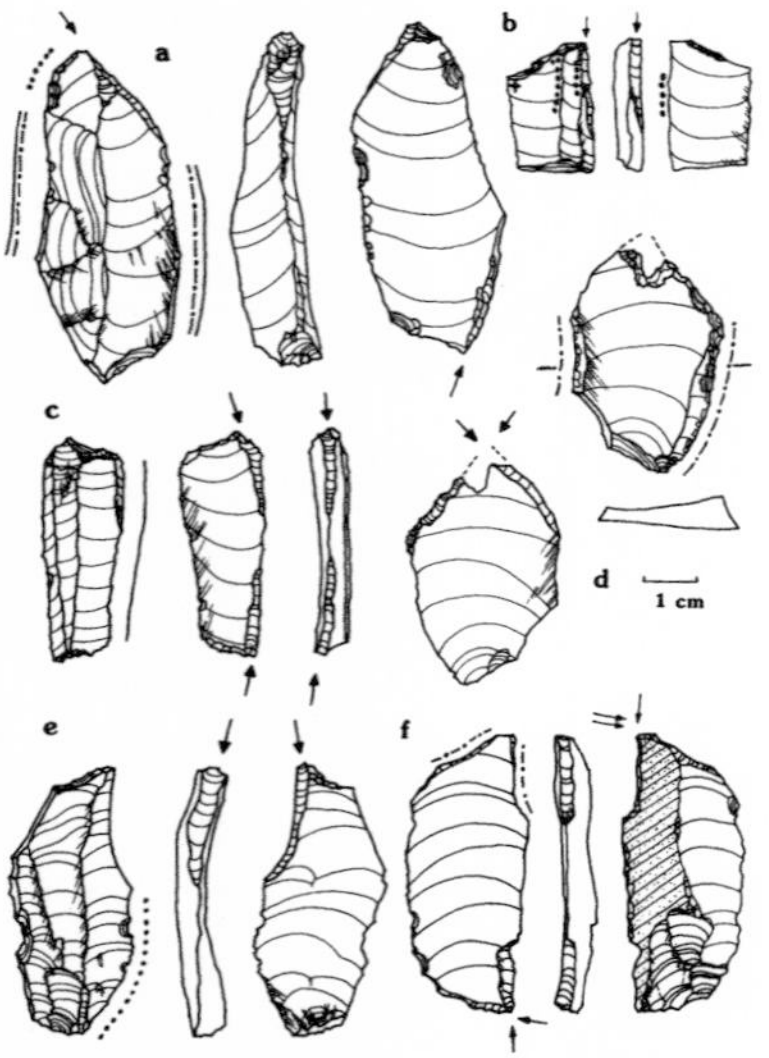

図1　クロマニョン人の石器

特定の場所が壁画を持つ洞窟の在りかとされ、しかも洞窟内部の中でも特定の部分、たとえば細い通路を抜けた広間の天井とか、行き止まりの先の平らな壁とか、回廊状になった側面とかに、まとまって残されています。暗黒の中では、くぼませた石製のランプが使用されたりしました。

　当時の人々は、バンドと呼ばれる数十人程度までの小集団で、狩猟採集生活を送っていましたから、その中からおそらく特別の人たちが、何人かのグループで暗黒の洞窟の奥深く、決まった場所に定まった方式で壁画を制作したのです。壁画洞窟の位置する場所は決まっていて、いくつものバンドが繋がるような、社会的な結節点の役割もあったとの説もあります。

(二)　ルロア=グーランの実証的アプローチ

　フランスの偉大な先史学者ルロア＝グーランは、六五カ所以上の洞窟で、約二千もの壁画モチー

図2　フォン・ド・ゴーム洞窟のウマの壁画模写

フを分析して、多くの規則性があることを解明しました。それまで、壁画の意味として、いろいろな説が考えられてきました。洞窟壁画研究の先駆者でもあり、二〇世紀前半に活躍した旧石器研究の第一人者、アンリ・ブルイユ、この学者はまたカトリックの神父さんでもありましたから、アベ・ブルイユともいいます。同じ人物です。ブルイユは、各地の洞窟を調査して、精密な模写を行ったことでも知られます。今でも壁画洞窟に入ってみると分かりますが、かすかに残る彩色や線刻を、暗がりで意味ある形に読み取っていくことは非常に困難な作業です。この時代に模写図は貴重な基礎的資料となりました。図2は、フランス南西部のレ・ゼジーにあるフォン・ド・ゴームのウマの例です。彼らの説にも当時の代表的な呪術の見方が表れています。狩りの獲物の素朴な表現であった、豊饒のための祈願であった、壁画に描かれた状況が現実となる呪術、共感呪術の一種であったという宗教学的な説などです。

ルロア＝グーランは、一九六五年に『西洋美術の先史時代』という大著を刊行し、その後の論文と合わせて、壁画にはかなり厳密な構成、配置の規則性があることを実証しました。民族学や宗教学を参考にしながらも、決め手となるのは考古学的な事例に基づく実証であるという立場で、この業績は現在まで大きな影響を与えています。壁画を集成し、主題を計量的に分析し、それらの組み合わせと配置、また洞窟内の場所との関係を考察しました。

Aグループとして、ウマが約三五パーセントの出現率を持ち、Bグループとしてのウシ科の動物、バイソン（野牛）とオーロックス（原牛）の二四パーセントと対照されます。Cグループとしてシカ類が十三パーセントを占め、ヤギ、トナカイ、マンモスもこのグループに属します。各グループには、洞窟内の配置場所に規則的秩序が見いだされます。どこにあるかという組み合わせがあるのです。考古学的には状況的属性と言います。Dグループとして、猛獣の仲間があり、クマ、ライオンなどのネコ科動物、サイなどがあげられます。これらは一から二パーセントの低い出現頻度ですが、重要な構成要素です。グループ間では、同一の壁面で組みあうという原則が認められ、たとえば、ウマとバイソンの組み合わせが最もありふれています。ウマと組み合うバイソンは、しばしばオーロックスに置き換えられます（ウマ対オーロックスというラスコーの例など）。Cグループは、AとBとのセットの周辺に存在する傾向があります。シカなどは周縁的配置というわけです。Dグループは猛獣で、危険な存在であり、さらに周縁的な位置に配置されます。これらのセットは、繰り返して出現するパターンとなっているという事実を解明したのです。

一方、抽象的な記号も各種が存在し、男性的な原理を表すとされた細形記号、女性的な原理を表すとされた太形記号などが、これら動物と同一壁面で組み合うパターンが認められます。動物と記号の組み合わせは、さらに洞窟内の場所との関連を有します。詳細は割愛しますが、クロマニョン人たちが有していた思想的な内容が、考古学的な事実のなかに表れている、そして、その中核は、二元的な原理、おそらく男性原理（Aグループ）と女性原理（Bグループ）が象徴的な体系として表現されたと考えられました。このようなルロア＝グーラン説は、先史考古学が当時の人類の思想体系に迫ることも可能であるという、私たち考古学者にとって勇気づけられる学説でもあります。

一方で、壁画モチーフとして「人間」が描かれることは、きわめて稀であり、奇怪な呪術師のような姿だったり、半人半獣だったり、著しくデフォルメされた形だったりします。動物の動きの瞬間を躍動的に捉えることができた壁画の描き手たちでしたが、人間を写実的に描くことはありませんでした。ヒトに関しては、実際のクロマニョン人の手形がいくつも残されています。手形といっても、ネガの手の形です。洞窟の岩壁に手を当てて、その周りを囲むように顔料を吹き付けました。手の形が抜けて、周りに彩色されるわけです。フランス南西部のドルドーニュ地方にあるペッシュ・メルル洞窟では、ウマの彩色画の上、背中の上方にネガ手形があって有名で、洞窟壁画につ

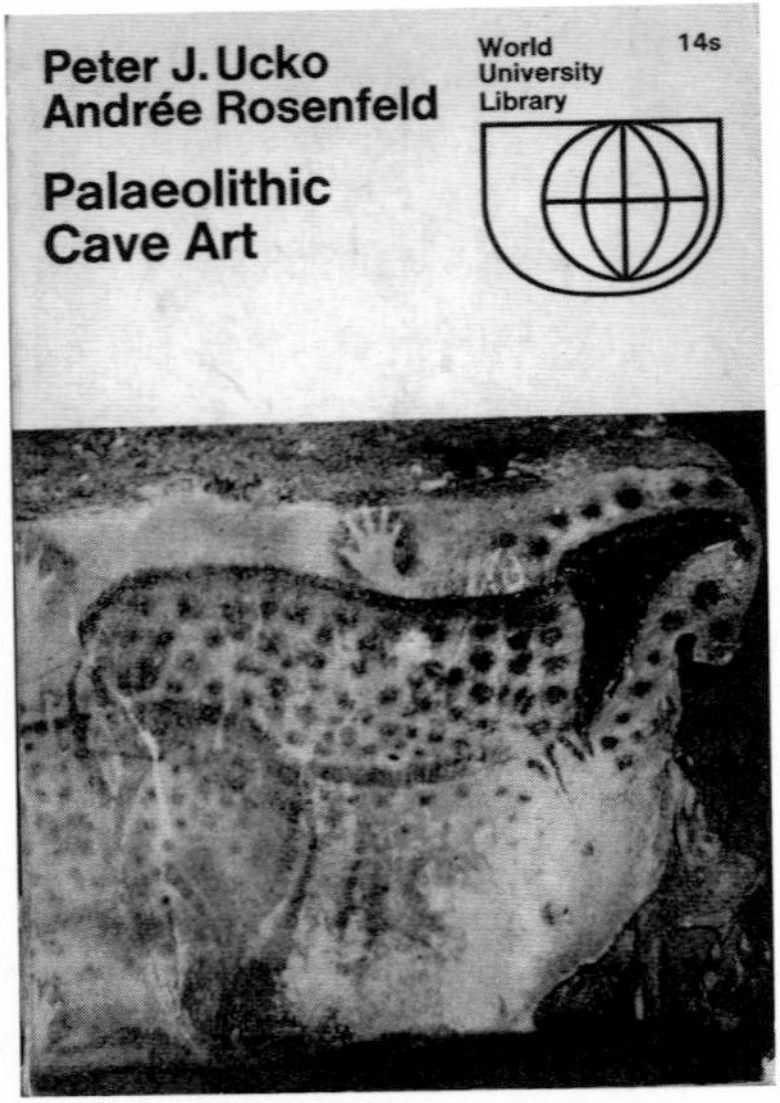

図３　ペッシュ・メルル洞窟の斑点を持つウマとネガ手形

いての優れた概説書の表紙にもなっています（図３）。

また、当時の重要な食料資源であったトナカイは、それほど出現率は高くなく、四パーセント以下、たくさん食べられていた魚類も壁画表現は稀でした。珍しい例として著名なのは、レ・ゼジーの近郊にあるアブリ・ド・ポアッソン（「魚の岩陰」遺跡）で、川に向かった石灰岩崖の居住地遺跡に、サケ科の魚をかたどった一メートル以上もある大きな浮き彫りが残されています。テーマ動物の割合と、実際の食料資源との差異が示すのは、壁画は単純に食料の豊かさを祈った表現といった解釈では、この美術の意味を解釈できないということです。

(三)　レ・ゼジーの遺跡群

芸術思想の精華が洞窟壁画だとすれば、同時代にそれらを残した同じ人間集団が、どのように日常生活を過ごしていたかが分かるのは、丘陵や段丘上に点在する生活遺跡であるといえるでしょう。レ・ゼジーの町周辺には、旧石器時代の前期、中期、後期それぞれの遺跡が多く存在しますが、ここで洞窟壁画と関係するのは、後期です。年代は、約四万年前から、一万年くらい前です。名産ワインでよく知られる都市ボルドーから、大河ドルドーニュ川を遡った、一支流のヴェゼール川沿いにある町です。この町の周辺にある壁画洞窟群は、一九七九年にユネスコ世界文化遺産として登録されました。「ヴェゼール渓谷の洞窟壁画」として、壁画洞窟が二五ヶ所、集落跡が四七ヶ所の構成資産からなるものです。

いかにも南フランスの小さな町らしい、中世を思わせるような雰囲気が残っている所ですが、実はここは一九世紀の半ば以来、すなわち近代的な旧石器考古学が本格的に開始される頃から、この時代の研究の中心的なフィールドでした。重要な旧石器時代の遺跡が多数、密集している場所だったからです。古典的な研究書の一例ですが、東北大学附属図書館の梅原文庫には、イギリス人のラルテとクリスティによる古典『アクイタニアの遺物』(一八七五年刊)が所蔵されています。アクイタニアは、ボルドーを含むアキテーヌ地方の、ローマ時代から由来する地方名です。

岩陰遺跡の発掘調査が実施されて、累々と堆積する文化層が集積し、無数の石器や骨を包含する遺跡の層位的な発掘で、石器の変遷を理解する基準となる文化編年が確立されていきました。日本考古学の研究史に詳しい皆さんは、層位学的な編年は、一九三〇年代になってから、縄文土器の研究で確立された比較的新しい方法というイメージを持っているかもしれません。しかし、累積する文化層の出土品を、層位学的に見て、巨視的な文化変化を解明するという方法は、たいへん古くからあって、近代考古学の確立と共に発展してきたという認識は重要なことです。

世界で最初の洞窟壁画の発見は、一八七九年にスペインの下級貴族であったザウトゥオラによるものでした。彼は、パリ万国博覧会で、新たに発見されつつあった旧石器文化の展示に触発されて、強い興味を抱きました。そして、自分の領地だった土地で、今マドレーヌ文化期に位置づけられる石器文化を調査しました。その場所はアルタミラという、カンタブリアの中心都市のひとつサンタンデル近郊の海岸近くの遺跡でした。ザウトゥオラは、当時七歳位だった娘のマリアを連れて、調査をしていました。文献によって娘さんの年齢は、五歳から九歳まで幅があるのですが、ともかく当時の様子を想像してください。ふと娘が見えないので心配していると、洞窟の方からでてきて「お父さん、ウシがいるよ（Toros, toros）」と叫んだという逸話がよく知られています。娘についていくと、そこは現在「牡牛の天井」と呼ばれている広間で、バイソンの傑作壁画が、凹凸のある岩面に、カンテラの光によって照らし出されたのでした。

彼は、この発見について遺跡出土の石器と同時期であることを、翌年に学術雑誌に発表しました。ところが学界の反応は冷たく、否定され、無視され、嘘つき捏造者の汚名まであったといいます。野蛮な旧石器人が、あのような完成された芸術を制作できるはずがないというのは、当時の学界の常識だったのです。彼は失意の中で病を得て、発見が認められる前に亡くなってしまいました。壁画の年代決定についての、最初の結末でした。石器の堆積層は洞窟前のオープンな文化層で、壁画は内部の暗黒の天井であって堆積層はなく、文化遺物とは直接は結びつかないわけです。

ところが、二〇年ほどが経過して二〇世紀に入る時、第一線の研究者たちによって、まごうかたなき旧石器時代の壁画が、いくつも発見されたのです。ブルイユ神父も発掘に関わったレ・ゼジーのフォン・ド・ゴーム洞窟もそのひとつでした。線刻壁画を主とし、やはりレ・ゼジーにあるレ・コンバレユ洞窟も発見されました。ザウトゥオラの発見は、真実だったのです。学界の権威者のひとり、カルタイヤックは、反省して「ある研究者の懺悔」という文を公表しました。その後、壁画美術は続々と発見されて、百カ所という桁で数えるほどの数になったのです。

ラスコー洞窟の発見にも、感動的な逸話があります。一九四〇年のことです。フランスは、ナチスドイツの占領下にありました。四人の少年たちがボーイスカウト関連の活動をしていて、連れていた犬が穴に落ちて、それが壁画発見のきっかけになりました。今度は、ブルイユ神父がすぐに駆けつけて、地元の研究者でもあったグローリー神父とともに、洞窟壁画の信憑性に御墨付きを与えて、これはフランスにとっての宝物であるという認識は、ただちに得られたのでした。戦争が終わり、あたかも「先史時代のシスティーナ礼拝堂」とも例えられるラスコーには、大勢の見物人が詰めかけるようになりました。それにより新たな問題が発生し、一九六三年にほぼ閉鎖され、研究者などに限定されていた少数の見学許可も、その後に段階的に狭められました。そして二〇〇一年八月には一切の許可がない全面閉鎖という事態となったのです。大勢の見学者が持ち込むカビやバクテリア、温度湿度の変化による、壁画の劣化が進行したためで、現代の保存科学をもってしても、解決できなかったのです。

東北大学の私の恩師、芹沢長介先生ご夫妻が、実物を見学できた時のことを、最近の東北歴史博物館で開催されたラスコー展の頃に、奥様からお聞きしました。図4は、関連グッズの一例ですが、こうしたものも広く市民のみなさんに、貴重な文化財に親しんでいただける好例ではないでしょうか。私事ですが、私も一九八二年には南西フランスで発掘調査に従事していて、そのあとレ・ゼジーの遺跡を訪ねていました。ラスコー見学には事前の手続きが必要でしたので、また今度と思いつつ、永遠に機会を失ってしまったことが悔やまれます。現在は、オリジナルは完全に閉鎖されていますが、

図4　ラスコー展関連グッズ（カレー）のパッケージ
（2017年春、東北歴史博物館）

見学者は精密に作られた複製洞窟「第二ラスコー」で壁画の一部を鑑賞することができます。第二ラスコーはモンティニャック町の、オリジナルの近辺に同じ地層を彫り、学界の力を結集して、寸分たがわぬ複製を制作したのでした。

ラスコー壁画の年代については、放射性炭素年代法が登場して間もなく、一七一九〇±一四〇年BPと測定されていました。マドレーヌ文化の前半にあたります。その後、高精度のAMS法によって、フランスの多くの洞窟壁画の測定が行われました。資料の量が従来の百分の一くらいの僅かな量でも測定できるので、壁画を直接に年代測定し、多数の測定値が発表されています。例えばアルタミラでは、一四〇〇〇年BP台が多く出ていて、マドレーヌ文化期の中頃にあたります。

三、クロマニョン人の暮らし

(一) 気候変動と文化

さて、洞窟壁画の傑作を残した人々は、どんな暮らしをしていたのでしょうか。およそ四万年前から一万年前まで、ヨーロッパ大陸は氷河時代の寒冷期、すなわち氷期といわれる時期でした。一般に氷河時代とは、地質学的な時代区分である更新世の別名のような印象ですが、少なくとも七十万年位前から現世つまり完新世の温暖な時期が訪れるまでの間は、寒冷な時期と温和な時期が繰り返す時代が長く続きました。その繰り返しは、十数万年ごとに周期的に起こったことが、極地や深海底のコアサンプルから採取した試料の酸素18という同位体の分析から判明しています。一九七〇年代以降の、地質学・地理学というより地球科学分野の成果です。

全地球的な気候変動は、寒冷化と温暖化の細かい振れを伴って次第に最寒冷な氷期のピークを迎え、逆にその氷期の後に起きる地球温暖化は、急激に生起して間氷期を迎えるということが分かりました。氷期と間氷期が繰り返すといっても、寒くなる時と暖かくなる時とでは、気候変動のようすが異なるのです。間氷期には、実際に現在の地球より暖かい時期もありました。一番近いところでは、約十三万年前に訪れた最終間氷期、リス・ウルム間氷期といいますが、このときの世界は現代よりも温暖でした。今よりも暖かい氷河時代があったのです。地球科学的にはその最初の温暖化の波を、ＯＩＳステージ5e（酸素同位体ステージ）といいます。近年はＭＩＳステージ5e（海洋同位体ステージ）と言うことが多いですが、意味はほぼ同じです。

クロマニョン人は、ヨーロッパにおける新人（現生人類、ホモ・サピエンス）でした。私たち日本人とも同じ種です。この種がネアンデルタール人（ヨーロッパでの旧人）と交替して、ヨーロッパ中に生息するようになったのは、このような気候変動の振幅のなかで、最終氷期（ウルム氷期、またはヴュルム氷期）の後半の時期でした。寒冷な時代にも細かな気候変動の振幅があります。非常に寒冷化した時には、ヨーロッパ北方の大地は無人となり、その北には氷河が広がりました。イギリス、北ドイツ、ポーランドなどの多くが人口希薄になったとイメージすると分かりやすいです。新人たちは、長い時間について思考する能力を有していましたし、隣接あるいは遠方の別の集団とは社会的なネットワークで絆が結ばれていました。計画的に長距離を移動して生活することもできました。遠方の物資、たとえば海岸地域でのみ産する美しい貝殻とか、石器を製作するのに最適な良質の原石とかが、数百キロを動くのも珍しくありません。移動あるいは交易によって運ばれたわけです。

現代人的な行動様式を持った新人たちは、寒冷化したヨーロッパで南方に移動しました。すると、フランス南部やスペインなどは人口が増加して、稠密な人口密度の中で、社会的な仕組みが重要となりました。それが洞窟壁画のような社会的、思想的な仕組みも強化される要因になったという学説もあります。寒冷期でも、ヨーロッパ南部は遺跡数が減少せず、逆にさまざまな文化現象が出てきています。一例をあげると、最も寒冷な約二万年前（C14）に、フランスやスペイン北部はソリュートレ文化という文化期でした。この文化では、実用には不要と思われるような長大で薄い石槍が、たくさん製作されました。機能以外の役割、威信や思想や社会関係、具体的には特定できませんが、実用だけでは説明できないことが多くあります。

新人は、厳しい環境の中での生存を可能とする多くの技術を保持していましたが、社会的、思想的な仕組みをも複雑に発達させていました。これはネアンデルタール人にはあまり認められなかったことです。細く精巧に作られた縫い針、骨角製で糸を通す穴がありますが、毛皮を縫い付け防寒の衣服や履物を仕立てる、そのような技術、技（わざ）と、動物資源の状況や集団の移動をめぐる社会的対応、文化を維持していく思想的なきまり、そのような方策も、また環境適応の役割を有していたのです。

アメリカの人類学者レスリー・ホワイト、またホワイトの学生であったアメリカのニュー・アーケオロジー（現在の「プロセス考古学」）学派の旗頭、ルイス・ビンフォードたちの基本的な考え方（パラダイム）は、人類の文化は、環境に適応するための手段である、そして文化とは身体の外にある適応手段なのである、というものです。この考え方は、一九五〇年代のアメリカ人類学界で盛んになった「新進化主義」という伝統に属するものです。私も研究理論、方法論においては、この学派の系統に属しています。日本考古学の研究者では珍しいですね。環境に対する適応手段として、人類の文化を考察していくという考え方は、旧石器時代や新石器時代などの先史文化の研究では特に、今も非常に重要であると思います。このような考え方は、いわゆる環境決定論的なのではないか、などとよく批判されますが、そうではなくて人類集団と環境条件との間での、長期的な相互作用を考察していく立場です。人類生態学的な文化進化論といってもよいかもしれません。文化人類学には「生態人類学」という学派もありますが、考え方は近いと言えるでしょう。生態人類学は、一九六〇年代以来、狩猟採集諸民族の生業経済研究を重点として発展しました。一九六八年刊行の『マン・ザ・ハンター』(リーとドゥボア編、シカゴ大学出版局、一九六八年)が、その画期となった業績のひとつです。日本では、田中二郎氏の『ブッシュマン』(思索社、一九七一年)が比較的よく知られています。生態人類学は、もちろん各民族の生活の中で集約的なフィールドワークを行うものです。

(二) 考古学での年代決定の原則

一九二〇年頃には、ブルイユやペイロニーたちの活躍で、今に受け継がれる基礎的な文化編年ができました。中期旧石器時代にネアンデルタール人が残したムスチエ文化に引き続いて、石刃技術が発達して、多くの骨角器を伴うオーリニャック文化、長大な薄い石槍を具備するソリュートレ文化、石刃技術が次第に小形化して細石刃に近くなり、投槍器(アトラトル)が発達し、小形遺物が彫刻技術で飾られるマドレーヌ文化期といった変遷が次第に分かってきました。

考古学では、標準遺物として土器や石器を基準にして、年代の新旧を決めていきます。型式学に基づく文化変遷を組み立てることを「編年」といいますが、十九世紀以来ずっと発展させられてきた重要な方法であり、現在も二つの主要な方法のひとつです。もう一つの方法は、文化遺物の変遷とは独立した自然科学的な手法によるもので、代表的な方法には放射性炭素による年代測定があります。前者は層位の新旧に基づくので「相対年代」、後者は年代そのものを測定するので「絶対年代」

として区別されています。日本では、縄文土器の編年研究が進むと、両者はクロスチェックできることが改めて確認されました。放射性炭素年代は、シカゴ大学のリビーによって一九五〇年頃に、考古学への応用が実用化されたものです。縄文土器の諸型式に伴う有機質の遺物、十分な炭素量を含む遺物が次々に測定されました。その結果、一九三〇年代から山内清男たちによって積み重ねられてきた層位学的な相対年代の編年と、ほとんど矛盾がないということが確認されたのであります。このことも、考古学者たちを勇気づけたことでした。

さて、洞窟壁画の年代についてです。編年研究のことを少し解説しましたのは、壁画の年代決定はかなり難しいことの背景理解のためでもあります。洞窟美術がいつ制作されたものか、非常に長い論争もありました。洞窟壁画がどのように発達したかについて、研究史を紐解くと、人類文化の漸進的な発展史観とでも呼べるような見方があったことが分かります。アルタミラの発見の全面的な否定、石器文化の階梯の各段階への、壁画の完成度による比定、壁画の様式が次第に高水準化したという編年などです。今にして振り返ると、文化層の中に埋もれて存在するわけではないという壁画の本質が、さまざまな解釈を可能にしたと言うこともできるでしょう。ルロア＝グーランも、単純なものから複雑な完成されたものへという発展史観の影響を受けた、壁画の様式編年説を展開しています。相対年代編年法には、「層位は型式に優先する」という原則があるのですが、この原則は堆積層が存在しない洞窟壁画には、適用することができなかったのです。

(三)「上部旧石器」の革命

イギリスの旧石器時代研究の第一人者であったギャンブルは、ヨーロッパにおいてはクロマニョン人の到来と同時に、世界の他の多くの地域では現生人類の拡散とともに、それまでの生活とは一変するような、革命的な変化が生じたと説きます。後期旧石器の革命（ヨーロッパの区分では英語で「上部旧石器」ですが、意味は同じです）としてあげられる変化には、次のようなことがありました。季節の変化に対応する計画性の増大、将来を予見する能力、複雑な言語による社会的な紐帯の強化、遠方からもたらされる貝殻などの物品、道具の複合化による技術の組織化、移動と回帰のサイクルの確立、長距離を動いていた良質の岩石、構造的な住居の構築、その他いろいろな生業活動や居住地移動の複雑な組み合わせの姿を、実際の遺跡や遺物から数え上げることができます。ギャンブルは、従来の前期、中期、後期という三区分ではなくて、前半と後半に旧石器時代を二区分することを提唱しました。著書『ヨーロッパの旧石器の居住地』（一九八六年刊）の表紙には、象徴的な象牙製のビーナス「頭巾をかぶった乙女」の写真が示されます。（図5）。高さ三七ミリで親指の先くらいの小さな彫像に、現生人類の祖先の姿が映されているのです。もちろん加工した道具は、石器でした。

それ以前の人類、たとえばヨーロッパのネアンデルタール人たちは持っていなかった確かな現代人的能力の出現については、最近の国際会議などでも頻繁に取り上げられて議論されているホット

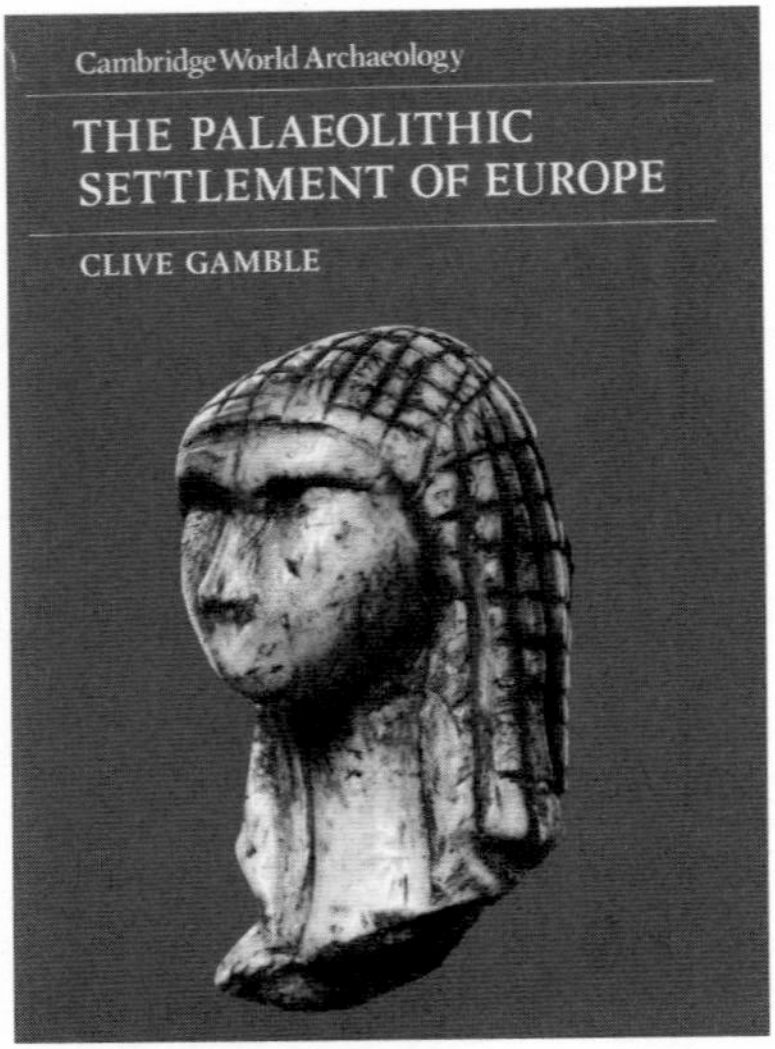

図5　フランス、ピレネー地方、ブラッセンピュイ洞窟出土の小像

なテーマといえます。その基盤になったこととして、私たちが普遍的に持っている抽象化する能力、モノに意味を与えて思考する能力、自己と他者を区分できる能力、周りの世界を説明する能力、シンボルを持つ能力、いわば象徴的・抽象的な思考の普遍化があったに違いありません。このことは、旧人の段階からの飛躍的な跳躍でした。言語思考によって、次世代への系統的な知恵の伝達が可能となりました。また、因果関係を考えることができるようになり、集団が生存していく方策が確実さを増していきました。

　上部旧石器になると、主要な道具にも、大きな変化が認められます。これも「革命」の一要素と評価されますので、ごく簡潔に紹介します。石器の製作技術では、調整を加えた定型的な石塊（石核）から、規格性のある石片（剥片）を量産することができるようになりました。具体的には、熱帯地方などを除いて、概ねグローバルと言ってもよいほど広範囲に、「石刃」と呼ばれる石器素材が製作されるようになりました。細長くて薄い石刃の量産は、一定量の石材から、飛躍的に多量の鋭い作業刃部を作り出すことになりました。そして、軽量化も同時に進んだため、石材を節約することにもつながり、高度に移動的な生活様式には、非常に適した石器の素材製作技術でした。石刃を素材として、数十種類にも分化した石器が製作されました。さらに、後期旧石器時代の終わりごろに向かって、より小さな「細石刃」と呼ばれる石器素材が、東アジアにも広く分布するようになりました。連続剥離、軽量化はさらに進み、軸に着柄して携行、使用する組み合わせ複合石器の一般化でした。

(四) マドレーヌ文化

マドレーヌ文化は、C14年代で約一万七千年前から六千年間もの長い間、ヨーロッパ大陸のほぼ全土に広がっていた特徴的な石器文化です。石刃技術はオーリニャック文化期という上部旧石器の初め頃から発達していましたが、マドレーヌ文化期になると石刃は次第に小型化して、アジアでの細石刃に似たサイズのものも多量に製作されました。石器の種類としては、各種の彫刻刀形石器や、エンドスクレイパー、小石刃の片方の側辺に刃潰し加工を加えた「背付き小石刃」などがあります。

骨角器もたくさん製作されました。骨角製の銛やヤスには、後方に向け鋭く尖るカエリがついた威力の大きい漁猟具もあります。骨角製品のなかには、細い線で動物など具象的なモチーフを刻んだ芸術的な装飾品も多く発掘されています。石器で線刻画を彫刻したのです。石槍を投射する道具である「投槍器」は、腕の長さほどの柄の一端にフックを付けたシンプルな道具ですが、投ずると遠心力が加わって威力が増し、命中率も高くなることが実験考古学から知られています。投槍器にも精巧な芸術的装飾が施された優品があります。

小石刃はそれだけでは使うのが難しく、東アジアでの細石刃と同じように、骨角製や木製の軸に溝を彫って、接着剤を使用して嵌め込んだ組み合わせ道具として使用されました。良質のフリント原材料が遠方から入手されて、石刃や小石刃という、規格性をもった道具素材を、連続製作しました。それら素材から選択して、多種多様な道具の種類を作り分けていきました。小石刃のように、着柄を前提として組み合わせる道具も普遍的に製作使用されました。

(五)「技術組織」概念と「比較文化」研究法

石器のセットを石器組成として考え、ハンターたちの固定的な「道具箱」のようにとらえがちですが、実際には、ハンターたちは多くの地点のあいだを移動して資源獲得を行いますから、それぞれの地点によって残される石器の種類や数に違いがあります。移動生活の中で、流動的な道具のセットが有効に機能するわけです。このように道具を生活のなかでとらえ、その時々、その場での必要性に応じて、持っている技術の体系から巧みに必要な道具を調達していくような方策を、ビンフォードは組織化された技術という意味で「技術組織」という概念で捉えました。道具の製作、維持管理、使用、廃棄が有機的に関連しあったシステムとして考えたのです。

この考え方は、もともとアラスカに居住するトナカイ狩猟民であるヌナミュート・エスキモーの人々の持つ技術の体系を観察する民族考古学の調査から概念化されたものですが、その後に広く石器時代の文化に適用されるようになりました。民族考古学というのは、伝統的な生活を送る諸民族のなかでフィールドワークを行なって、考古学的なデータを集積し、発掘された遺跡や遺物の解釈に活かしていこうとする新しい考古学の方法論です。一九七〇年代からビンフォードたちによって体系化されてから、グローバルに研究が広がりました。

マドレーヌ文化人たちは、他の時期にも増して多くの壁画洞窟を残しています。ラスコーもアルタミラも、最盛期はこの文化に属しています。マドレーヌ文化期の終わり頃の年代には、日本列島ではすでに土器が広く製作されて、縄文時代に入っています。石鏃（矢じり）や石匙（ツマミ付き携帯小型ナイフ）も出現しています。草創期の縄文人と洞窟壁画の旧石器人とは、何となく別な時代のような気がするかもしれませんが、実は同時代人だったのです。同時代人には、北アメリカのパレオインディアン文化人たちもいました。クロービスポイントという精巧な石槍を投槍器で飛ばし、マンモスやバッファローの集約的な狩猟を行なっていました。アメリカ西部のニューメキシコ州、コロラド州、ワイオミング州などに多くの遺跡があります。

考古学の文化内容を理解するためには、グローバルな比較研究の視点が重要であることが、あらためて確認されます。これら三つの文化は、いずれも寒冷な気候が急激に温暖化していくなかで、その地域の環境の変化に適応していった姿といえます。なぜ、いかにして共通性と相違点がでてきたのかを考えることが重要です。

(六) ドゥフォール岩陰の調査研究

フランス南部のマドレーヌ文化期の遺跡として、ランド県に所在するドゥフォール岩陰を紹介しましょう。オロロン川のほとりに石灰岩の崖地形があって、崖下に岩陰がくぼみ、旧石器人が居住していました。岩陰から前のテラスにかけて非常に良好な文化層が残されていました(口絵1)。私はアメリカ調査隊の一員として、ニューメキシコ大学のローレンス・ストラウス教授によるプロジェクトに参加し、岩陰前のテラスの遺構調査を行いました。ぎっしりと河原石を敷き詰めた「礫敷遺構」が八枚以上に重複して検出されました。(図6)。この第四層は、C14年代で一二二〇〇年から一一〇〇〇年と測定され、長期間にわたって回帰的に滞在地となったことが判明しました。季節は秋から春までを主とし、礫敷遺構では、大規模な火を使用した活動が行われました。第四層の下部ではトナカイが主要な資源で、上部になるとアカシカが増加しました。

図 6　ドゥフォール岩陰の礫敷遺構の発掘状況（1982 年）

この地は、ピレネー山地から海岸のアキテーヌ平原に至る途中の、地形的に回廊状の場所で、高さ三〇メートルほどの崖上に登ると、南に遠くピレネーの山々が望まれます。当時のトナカイの群れは、夏は高地、冬は低地に、大群で移動する生態だったことが想定され、この地は移動する資源を集約的に狩猟し、解体し、加工処理していく場所であったと考えられました。当時の人間集団も、トナカイの群れを追って、高地と低地とを移動する生活を送っていたのでしょうか。それは近代でもアルプス地方でみられるトランス・ヒューマンス型の移動生活にアナロジーを求められるかもしれません。あるいは、トナカイの群れは移動し来たりて去り、翌年に逆方向に来たりてまた去り、という移動資源の待ち伏せ型の生活の滞在地で、人間集団の移動生活経路はもう少し複雑であったとも考えられます。いずれにしましても、トナカイという重要資源に対応した生活様式がよく表れている遺跡です。

ドゥフォール岩陰遺跡の第三層の石器文化は、アジル文化に属するものです。後期旧石器時代ではなく、中石器時代あるいは続旧石器時代に区分されます。石器では小型のエンドスクレイパーが増加し、動物資源はアカシカを主とするようになります。かつて礫敷遺構層を残したような集約的な活動はなくなり、遺跡全体にさまざまな多様な活動形跡が残されるように変化しました。日常生活の形跡は集積して文化層に堆積しますが、それぞれの時代の生活のようすを復元していくことが可能なのです。第三層では急激な地球温暖化の時代に入りつつあり、寒冷期の環境に複雑な適応的文化を作り上げたマドレーヌ文化人の生活も、新たな環境への適応に向かいました。

後期旧石器時代を通じて製作された石器群は、型式学（タイポロジー）によって、百以上の型式に整然と分類されています。後期旧石器の型式学は、ボルドー大学の、ドゥ・ソンネヴィユ・ボルドたちにより一九五〇年代から七〇年代にかけて精緻に体系化されました。石器の型式と、石器の機能とは、いったいどのような関係にあるのでしょうか。考古学にとって、これは古くて新しい問題です。私はドゥフォール岩陰先史学プロジェクトの一環として、ストラウス先生の指導のもと、膨大な出土石器から資料を選択して、石器使用痕分析を実施することができました。

石器の使用法には多様性があり、石器型式によってのみ使い方を推定することには問題があるが、しかし石器の器種によっては、使用方法に一定の傾向があるということが判明しました。たとえば、エンドスクレイパーは皮革に対しての加工に特化しているが、彫刻刀形石器は多様な使用法が復元されたなどです（前掲図1）。図の石器周囲の線は、使用部分・動作を示します。また興味深いのは、第四層出土石器の半数程度を占める主要な器種である「背付き小石刃」には、それほど顕著な投射槍先としての使用痕は検出されないということでした。これは、使用法と遺跡での残存状況、石器の入れ替えや廃棄といった、先に説明しました「石器の技術組織」の中での位置づけが関係していると考えられます。少し専門的になりましたが、マドレーヌ文化人たちが有していた道具をめぐる技術の複雑さが、それぞれの遺跡地点でのデータにあらわれるというまとめになるでしょうか。

（七）パンスヴァン遺跡と地球温暖化

マドレーヌ文化人は、洗練された狩猟民という形容が似合うような、寒冷地適応をみごとに達成した人々でした。北方のパリ盆地に、パンスヴァン遺跡というトナカイ狩猟民が残した有名な遺跡があります。パリから南東に六〇キロほどの、セーヌ河のほとりにあります。ここは洞窟壁画のモチーフと配置の分析の項で紹介しました、ルロア＝グーランが中心になった精密な点取り発掘（出土遺物の座標と番号を対照させる発掘方法）で知られています。一九六四年から、半世紀にわたって継続的な発掘調査が進められました。図7は、二〇一〇年に現場を訪ねた時のようすです。出土

図7　パンスヴァン遺跡の発掘調査のようす

遺物は動かさずに周囲を掘って、生活面を丁寧に露出させ、克明な記録を取って取り上げます。パンスヴァン遺跡は、当時おそらく毎年のように繰り返されたセーヌ川の静かな洪水が、生活痕跡を乱さないで薄い砂層を堆積させた、非常に稀な出土状況が検出されている場所です。

精密な発掘調査の結果、人間がどのように行動をしていたかという復元がなされています。テントのような小屋のなかの空間の使い分け、入り口近くの炉の周囲での行動、不要になった物品や製作の副産物の廃棄の場所と方向といった復元です。五〇年間にわたり継続した調査も、二〇一四年に終了して、調査チームはパリ盆地の他の遺跡群に焦点を移しているとのことです。パンスヴァンは、非常に移動性が高い人々が短期間に残した生活の形跡が、いわばパックされた状況で残されている稀有な場所であると述べました。出土した動物の骨は、ほとんど全部（九五パーセント以上）がトナカイでした。年代は生活面がいくつもありますが、一〇九二〇年BP、一一三一〇年BP、一二三〇〇年BPなどと測定されています。

このころ、急激な温暖化は、ヨーロッパの中での北方への人類移動、すなわち北への再植民とでも言える状況を導いたのです。イングランド、フランス北部、ドイツ北部、ポーランド、いずれでもマドレーヌ文化人たちの急速な北方平原への拡散が認められています。パンスヴァンは、まさにそのような時期に残された、高度に移動的な狩猟民集団の遺跡でした。そしてトナカイもまた、北方へと去っていき、南部フランスやスペインなどでは、アカシカなど温暖化した環境を好む新たな動物相への文化的適応がありました。このころを最後として、壁画洞窟は姿を消すことになりました。ヨーロッパは地域色も豊かな中石器時代を迎えました。イングランドでは、有名なスター・カー遺跡など水辺の漁労に特色あるマグレモーゼ文化に移行し、デンマークではエルテベレ文化に至る狩猟採集経済を維持した中石器文化は、後期旧石器時代とは別の大きな文化の流れでした。アルタミラが位置するスペインのカンタブリア地方では、大量の貝類採取による中石器時代の貝塚群が出現しました。そして、やがてヨーロッパには、南東からの新しい文化の波、すなわちブルガリア方面やバルカン半島を経由する初期農耕文化の新石器文化が到来することになります。

はじめてヨーロッパに洞窟壁画が表れたのは、ほぼクロマニョン人の到来と同時と考えられます。一九九四年に発見されたローヌ川流域アルデッシュ渓谷のショーヴェ洞窟の壁画は、顔料に含まれる炭素から、三二一四〇±七二〇年BPの古さを持つことが明らかになりました。この古さは衝撃的でした。なぜなら、ショーヴェ洞窟の壁画は非常に完成された様式で、美術的にも水準が高かったからです。新人は、ヨーロッパ到来の最初期から、高水準の芸術を生み出したのでした。このことは、先住民であったネアンデルタール人に比べた時、その抽象的思考能力、象徴的な意味づけをする能力、ひいては複雑な言語処理能力、将来の先を予測し、長期に及ぶ計画を考える能力、別の集団とのネットワークを形成し維持していく能力、これら「上部旧石器の革命」のさまざまな文化現象の基盤となった能力が、確実に現実のものとなっていたことを示します。ラスコー洞窟の芸術を生み出した原動力とは、実は非常に厳しい氷河期の環境のなかで、日常生活そのものを滞りなく送り、持続させていく力でもあったと評価することができるでしょう。ラスコーを生み出したのは日常生活だったのです。

四．おわりに

日本列島からは遠く離れた地域で、ヨーロッパの南西部に集中する壁画洞窟に、どのように私たち日本人にとっての普遍的価値が見出されるのでしょうか、という最初の問いかけに戻りましょう。私がそれらに触れるたびに感じるところですが、これらの「芸術」には、実は私たちホモ・サピエンスとしての本質が、疑いない形ではっきりと表れているということができます。西洋美術の双書や、美術全集の第一巻をひもとくと、ラスコーの躍動するオーロックス（原牛）（前掲図4）や、アルタミラの飛び上がらんばかりのバイソン（野牛）、また最近ではショーヴェ洞窟での連続写真とも見まがうような、サイやクマやライオンの彩色画が登場します。美しい芸術は、万人を感動させる力をもっています。私たちは、日本人であっても、たとえばルーブル美術館で、スミソニアン協会で、また大英博物館で、美の精華に触れて、心を豊かにします。同じように、これらの壁画美術は、長い人類の歴史における美術、芸術の起源としての、普遍的価値を有していると言えるでしょう。

しかし、そのような価値とはまた別に、私たち人類は一つの、そして唯一の種であるホモ・サピエンスであるということの証明が、洞窟壁画にあると思います。そこには、現生人類が初めて獲得した形質、その多くが具現されているのです。先にも述べた抽象思考、言語表現、象徴能力、将来予測、計画性、社会規範、他界観念、その他、人類学の今日的テーマ「現代人的行動」の存在証拠なのです。また洞窟壁画は、広大な景観のなかでも、特定の場所が選ばれて、そこに一定の規則にのっとって制作されていました。私たちは周囲を取り巻く自然を分類し、意味づけをします。壁画洞窟の場所は、人類に特有である象徴的地点として何らかの意味を有していた可能性も考えられます。今ふうに言えば、旧石器人の「パワースポット」のような場所だったのかもしれません。

日本列島に初めて人類が渡来したのは、いつのことだったか、実はいまだに確定していません。諸説が並行しつつ、研究者たちの追究が続いています。それがいつであったにしても、約三万七千年前を境にして、列島には爆発的な遺跡の増大と、複雑な石器の製作、大規模な遺跡の出現が起きました。それは、ついに東アジアの果てまで到達した現生人類の文化でした。私は、後期旧石器時代をさかのぼる時期にも、日本列島には人類は居住していたという学説を採っております。現生人類の出現以前の人々の能力は限定的で、石器などの道具も粗雑なもので、生活様式はシンプルで、厳しい環境変動や資源の偏りに対する適応力に欠け、小集団はしばしば絶滅し、それゆえに残された石器はわずかであり、遺跡数も限られる、という考え方をしています。この問題についてご関心ある方は、たとえば『北の原始時代』(阿子島編、二〇一五年、吉川弘文館)をご覧ください。

いずれにしましても、私たちホモ・サピエンスが持つようになった能力が、やがて全地球上に人類を拡散させ、現在に至っていることには間違いありません。私たち人類が普遍的に持つ抽象的な思考能力の発現が、これら洞窟壁画の中に読み取れるのです。したがって、直接に我々日本人とのつながりを問うことは必要なく、むしろ現代にも通じる象徴性を感じることができるのです。

今回の話の理論的な立場は、ビンフォードに始まる「プロセス考古学」を基調としています。お聴きのみなさんには、通常の日本考古学のお話とは少し違った観点、あるいは文化や歴史の観方を感じられた方も、おありかもしれません。そしてプロセス考古学に対しては「ポストプロセス考古学」学派が、一九八〇年代から欧米、とくに英米で目立つようになりました。こちら側の研究者である九州大学の溝口孝司さんと、双方の理論対決的な対談を行う機会があって、それを基にした本が刊行されています。考古学がもっている哲学的な本質にも触れています。ご関心ある方は『ムカシのミライ』（阿子島香・溝口孝司監修、二〇一八年、勁草書房）をご覧いただければ幸いです。

現在の世界は争いに満ち満ちていますが、もう少し長い目で自分たち自身を考えるために、人文学的な知恵を深く、新たにすべき時ではないかとも思います。クロマニョン人たちが初めて獲得した能力は、現在の私たちにも共通の「普遍的価値」を持つ、そのような能力であったのだという結論で、私のお話を終えたいと思います。御清聴ありがとうございました。

（本稿は、二〇一八年六月二日『齋理蔵の講座』ほか複数の講演内容をベースに、補足して再構成したものです。最後にこれらの内容を、より詳しく知るのに役立つ日本語の文献をいくつか紹介します。）

参考文献

阿子島香「マドレーヌ文化期における適応戦略と遺跡構造分析」『古代』第一〇一号、早稲田大学考古学会、一九九六年。

阿子島香編「特集：氷河時代末期　人類はどう生きたか」『科学』六八巻四号、岩波書店、一九九八年。

ウッコーとローゼンフェルト『旧石器時代の洞窟絵画』木村重信・岡本温訳、世界大学選書、平凡社、一九六九年。

国立科学博物館他編『世界遺産ラスコー展』図録（展覧会監修、海部陽介）、二〇一六年、毎日新聞社・ＴＢＳテレビ。

山中一郎「その後のパンスヴァン」加藤稔先生還暦記念会編『東北文化論のための先史学歴史学論集』所収、一九九二年。

ルロア＝グーラン　アンドレ「旧石器時代の画像及び象徴記号の美学的かつ宗教的解釈」『古代文化』第三三巻九号、古代学協会、一九八一年（訳・解説　山中一郎）。

図の出典

図１　筆者実測。

図２　Cheval en noir modelé, relevé de H. Breuil (1901–1906). D.R. Centre des monuments nationaux,

Paris.

図3　Ucko, P.J. and Andrée Rosenfeld, Palaeolithic Cave Art. World University Library, Weidenfeld and Nicolson, 1967.

図4　ラスコー展、二〇一七年三月二十五日～五月二十八日、東北歴史博物館。

図5　Gamble, Clive, The Palaeolithic Settlement of Europe, Cambridge University Press, 1986.

図6　筆者撮影。

図7　筆者撮影。

口絵1　筆者撮影。

『大塔物語』と室町時代の知

佐倉由泰

2 『大塔物語』と室町時代の知

佐倉由泰

はじめに

この世界では多くのものが歳月を経る中で失われてしまいます。失われるのが常のことで、残されるのは僥倖《ぎょうこう》（思いがけない幸運）です。応永《おうえい》七年（一四〇〇）に信濃国（今の長野県）で起こった、守護小笠原長秀《おがさわらながひで》と「国一揆《くにいっき》」の人々との戦い、信州大塔合戦《しんしゅうおおとうかっせん》の経緯を記した真名《まな》表記（漢文表記）の軍記『大塔物語』も、そうした僥倖に恵まれた稀有《けう》な作品です。

幕末の、元号が弘化《こうか》（一八四五～一八四八）から嘉永《かえい》（一八四八～一八五四）に移る頃、信濃国の諏訪下社《すわしもしゃ》の大祝《おおほうり》で、国学者の今井信古《のぶふる》（一八一八―一八五九）が家の蔵書の虫干しをしていたところに、信濃の上田藩内の呉服商で、国学者の成澤寛経《なるさわかんけい》（一七九七―一八六八）が訪れて一冊の古写本を見出したことも大きな僥倖でした。この古写本こそ、十五世紀にその原本が書かれて以降、約四百年にわたって、ほとんど世に知られずにいた『大塔物語』でした。寛経は、この『大塔物語』

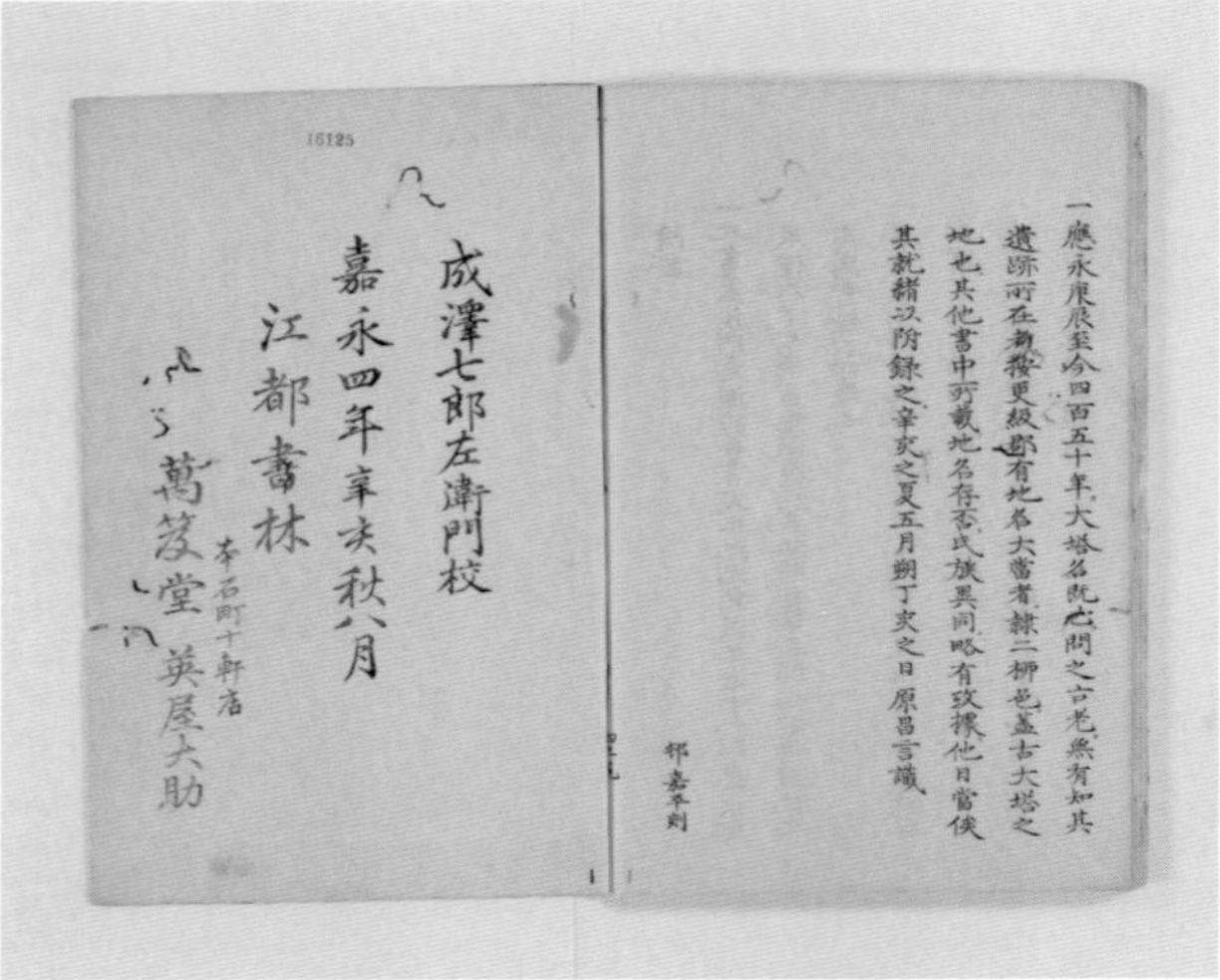

図１ 『大塔物語』の刊記〔右は、原昌言による識語〕
（東北大学附属図書館 狩野文庫蔵本。他の『大塔物語』の画像も同本による）

の写本の模刻本《もこくぼん》（元の本の筆跡を模して版木《はんぎ》に彫《ほ》って刷《す》り出した本）の出版を企画します。その企画はみごとに実現し、嘉永四年（一八五一）八月、江戸の書店、萬笈堂《まんきゅうどう》（店主は、英屋大《はなぶさやだい》助《すけ》）から、この版本が発行されました。出版に際しては、寛経の依頼により、上田藩士で、藩校、明倫堂《めいりんどう》の初代の惣司《そうし》（校長）も務めた儒学者、加藤維藩《いはん》（一七七八―一八五四）が序文を、写本の所蔵者、今井信古が跋文《ばつぶん》を、上田藩領の上塩尻村《かみしおじりむら》の名主を務めた好学の人、原昌言《しょうげん》（一八二〇―一八八六）が識語《しきご》を寄せています。

この『大塔物語』の模刻本の刊行の最大の功労者は成澤寛経でしょう。学問のネットワークの要となって、儒学や国学にすぐれた加藤維藩、今井信古、原昌言にそれぞれ序文、跋文、識語を書いてもらい、自らは表に出ずに出版事業を主導しました。そうした事情は、今井信古の跋文からうかがわれます。寛経の尽力なくして、この『大塔物語』の最良の本文が世に現れることはなかったでしょう。『大塔物語』の異本も現存しますが、その本文と、この古写本の本文とはかなりの隔たりがあります(1)。また、模刻本の原本の古写本はその後いつ失われたのか、今は残されていません。模刻本の刊行がなければ、私たちは室町時代の文化の結晶と言うべきこのすぐれた本文を読めなかったことになります。

本章では、こうした先人の尽力と僥倖によって残された『大塔物語』の「未来への遺産」としての意義を述べます(2)。

一.『大塔物語』の概要

応永七年(一四〇〇)の信州大塔合戦を記したこの軍記の作者はわかっていません。ただ、古写本に記されていた次の奥書《おくがき》によって、文正《ぶんしょう》元年(一四六六)十月上旬に、堯深《ぎょうしん》という法師が書写したことはわかります(原文は漢文です。これを訓読した文を引用します)。

文正元年丙戌《ひのえいぬ》応鐘《おうしょう》上旬、諏方《すわ》上社《かみしゃ》栗林《くりばやし》五日市庭《いつかいちば》の閑室《かんじつ》にて之《これ》を写す。文字多く誤るべく候ふ。後見《こうけん》憚《はばか》り入《い》り候ふ者なり。堯深法師七十一才、吉《よ》くも悪《あ》しくも後代《こうだい》の形見《かたみ》なり。念仏一《ねんぶついっ》返《ぺんしよまう》所望するなり。

この奥書を信ずるならば、『大塔物語』は、文正元年以前には書かれていたことになります。筆写した堯深の事績は、他の記録に見ることができませんので、いかなる人物であったのかわかりませんが、文正元年（一四六六）に七十一才（数え年。以後の年齢の記載も同様）であったということは、応永三年（一三九六）の生まれで、信州大塔合戦が起こった応永七年には五才であったことになります。堯深が『大塔物語』に出会って、その本文を栗林五日市庭（今の長野県茅野《ちの》市域）にあった諏訪上社《かみしゃ》に縁のある閑室で写したのも僥倖です。加えて、堯深の写本か、そのさらなる写本が代々諏訪下社の神官を務めた今井家（金刺《かなさし》氏）に伝えられたことも僥倖に外なりません。先述の、成澤寛経が今井信古の所蔵するその本を偶然に見出し、模刻本を刊行したことも合わせ、思いがけない幸運が重なって、『大塔物語』の本文が今私たちの目の前にあります。堯深が書写してから、模刻本が刊行されるまでの間にも、三百八十五年もの歳月が過ぎています。多くの僥倖を経て現存するこの本文を、できるだけ深く精《くわ》しく読み解きたいと思います。

その概要は次のとおりです。全体は二十八場面に分けられます（順に各場面に番号を付します。本章の以後の記述の中で示す場面の番号はこれによるものです）。

はじめに、政道の要略を語る序（1）が置かれ、その後にストーリーが始まります。

応永七年、信濃の新守護となった小笠原長秀は、入国の初めに佐久郡の大井光矩《おおいみつのり》を訪ねて施政のことを内談し（2）、人々の耳目を驚かす華美な行粧《こうそう》を仕立てて善光寺《ぜんこうじ》に入ります（3）。その後、信濃の国人《こくじん》が次々と長秀に従う中で、以前から小笠原氏と敵対してきた大文字一揆《だいもんじいっき》の人々も、評議の末に、長秀を新守護と認め、受け入れる姿勢を示します（4）。

しかし、長秀が前例のない守護権限の行使を始めると、国人は各地でその「強儀《ごうぎ》」に反発し、「国一揆」と号して一斉に蜂起し（5）、三千騎を超える軍勢が横田河原《よこたがわら》近くの千曲川《ちくまがわ》の畔に集まり、手分けをして陣を構えます（6）。一方、小笠原勢八百余騎は、善光寺を離れ、塩崎城をめざして南へと向かい（7）、同年九月二十四日朝、その途次に国一揆勢に遭遇すると合戦となり、最初の戦闘で村上勢を破り（8）、二度目の戦闘で村上勢と伴野《ともの》勢を破り（9）、三度目の戦闘で海野《うんの》勢を破り（10）、四度目の戦闘で高梨《たかなし》勢も破って（11）、長秀は塩崎に到りますが、部将の坂西長国《ばんざいながくに》らは敵勢に進路を遮られ、やむなく大塔の古要害に籠もります（12）。

国一揆勢に包囲された大塔の小笠原勢は飢餓に苦しみ、馬までも食べて籠城を続け（13）、十月十六日には、古米将監《こめのしょうげん》と常葉下総守《ときわのしもうさのかみ》が、大塔を忍び出て塩崎に行き、長秀に城中の窮状を訴えます（14）。しかし、救援の方途はなく、それを恥じた長秀は自害を図りますが、赤沢但馬守《あかざわのたじまのかみ》に諫められ思い止まります（15）。翌十七日、大塔の城に陥落の時が迫り、櫛木石見《くしきのいわみ》入道は辞世の歌を詠んで自害します（16）。常葉入道は十三才の子、八郎の悲運を嘆き、八郎は父と語らった後に辞世の詩歌を遺します（17）。また、坂西長国は、子の松寿丸《しょうじゅまる》を思って嘆きつつ詩歌を遺し（18）、城を出て奮戦した後、再び城中に戻って自害します（19）。常葉父子をはじめ、他の大塔の人々も次々と自害し（20）、十月十八日に、大塔の城は陥落しますが、国一揆方の香坂宗継《こうさかそうけい》はその戦いの惨状に厭世の念を抱きます（21）。

戦いが終わると、善光寺の妻戸《つまど》の時衆《じしゅう》と十念寺《じゅうねんじ》の聖《ひじり》が大塔の地を訪れて亡き人々の供養を行い（22）、遊女の玉菊花寿も出家して、坂西長国の菩提を弔います（23）。一方、国一揆勢は、長秀が籠もる塩崎城を包囲しますが、大井光矩の仲介によって包囲を解き、長秀は、信濃を逃れて京に行きます（24）。その後、国一揆の人々の請願のとおり、長秀は信濃の守護職を解任されます（25）。そうした中、ひとりの妻戸の時衆が、伊賀良《いがら》の庄を訪れ、常葉八郎の母に常葉父子三人の最期を伝えるとともに八郎の形見を届け、この母の出家の戒師も務めますが、厭世の念を強くし、善光寺に戻らずに、高野山《こうやさん》に籠もります（26）。出家した常葉八郎の母は、伊賀良の庄を旅立ち、大塔の地を訪れて、夫と子の墓に詣で、さらに善光寺に入って妻戸の時衆となります（27）。また、香坂宗継は、戦場から家に戻らずに窪寺《くぼでら》に向かい、二十一日間、本尊の観音の前で通夜《つや》をして祈り続け、夢告を受けて道心を固めると、高野山に上り、念仏行者となって諸国を巡る修行をして、衆生《しゅじょう》に利益《りやく》をもたらしたといいます（28）。

『大塔物語』の概要は右のとおりです。その記述は虚構や脚色、誇張を含みながらも、信州大塔合戦の経緯を浮かび上がらせます。小笠原氏は、応永七年のこの事件により、信濃を守護領国化することに失敗します。この後、信濃は、一国に支配力を及ぼす抜きん出た在地領主が現れぬまま十六世紀の戦国時代を迎え、甲斐（現在の山梨県）の武田晴信（信玄）の侵攻を受け、越後（現在の新潟県）の長尾景虎（上杉謙信）がそれに抗し、両者が川中島（現在の長野市域）を中心に戦闘を重ねる中、信濃の各地に割拠していた領主たちは、この南と北の隣国の勢力の間の激しい争いに巻き込まれます。信州大塔合戦はそうした歴史の帰趨《きすう》にもかかわる重要な意味を持ちました。なお、千曲川と犀川《さいがわ》とに挟まれた川中島の地は、応永七年九月二十四日の小笠原勢と国一揆勢との戦いの場でもあります。武田信玄と上杉謙信が戦う百数十年前の信州大塔合戦でも、川中島は戦場になりました(3)。

『大塔物語』は、この信濃の歴史を決する戦いにかかわった武士たちの動静を詳述しています。その武士たちの所領は、信濃国の十郡、伊那、諏訪、筑摩《ちくま》、安曇《あずみ》、更級《さらしな》、水内《みのち》、高井、埴科《はにしな》、小県《ちいさがた》、佐久《さく》のすべてに及びます。信濃は、日本海に流れる千曲川水系（犀川水系等も含む）と姫川水系、太平洋に流れる天竜川水系と木曽川水系の四水系から成りますが、木曽川を除く三水系の在地勢力が参戦しました。そうした観点から信州大塔合戦を概観すると、天竜川水系の伊那郡を本拠にする小笠原氏が、守護の権限、権威を利用し、水内郡、筑摩郡の一部の武士を味方にして、千曲川水系の地域の支配を図るものの、その水系の更級郡、水内郡、高井郡、埴科郡、小県郡、佐久

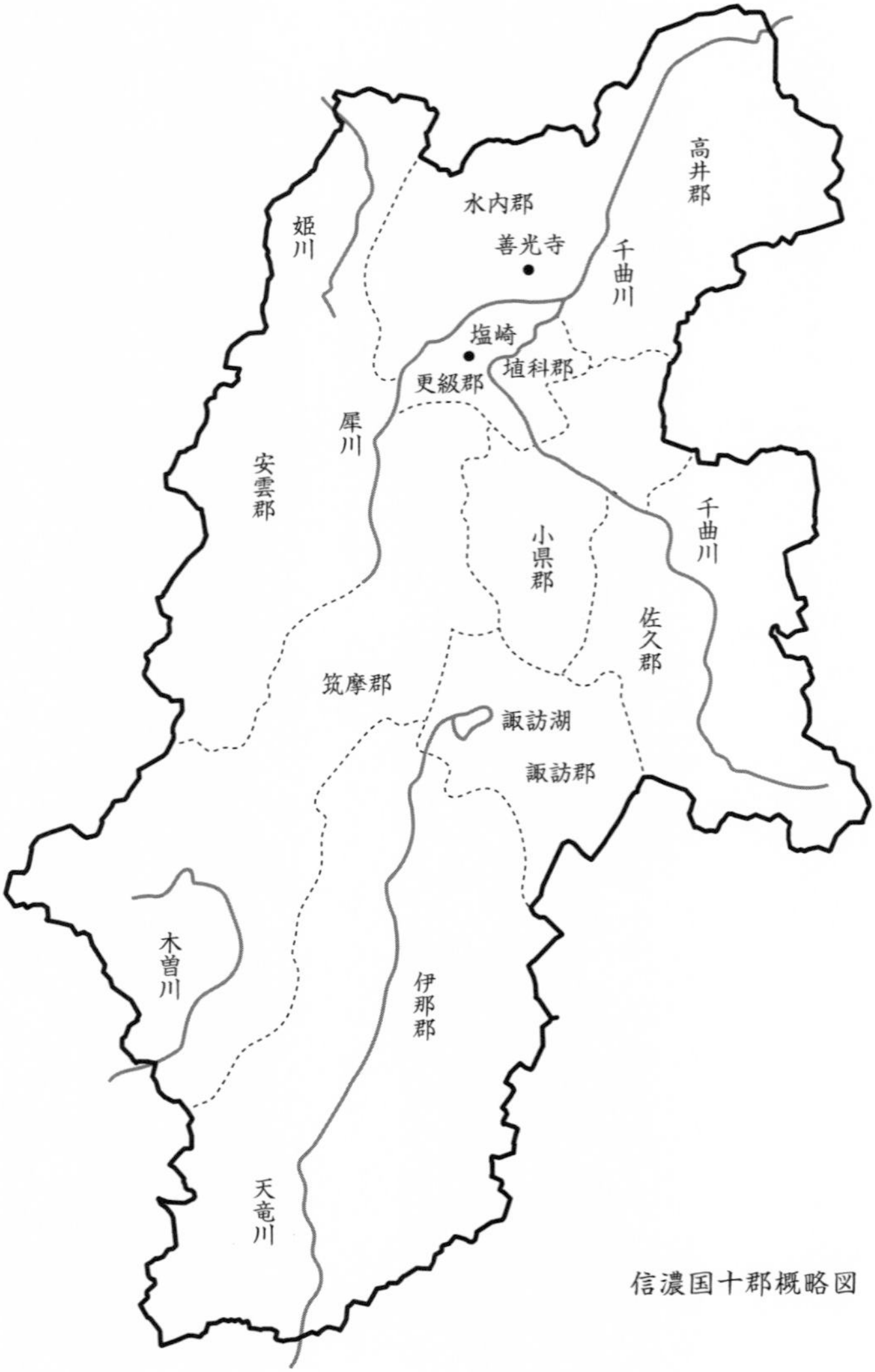
高井郡
水内郡
善光寺
千曲川
姫川
塩崎
植科郡
更級郡
犀川
安雲郡
千曲川
小県郡
佐久郡
筑摩郡
諏訪湖
諏訪郡
木曽川
伊那郡
天竜川

信濃国十郡概略図

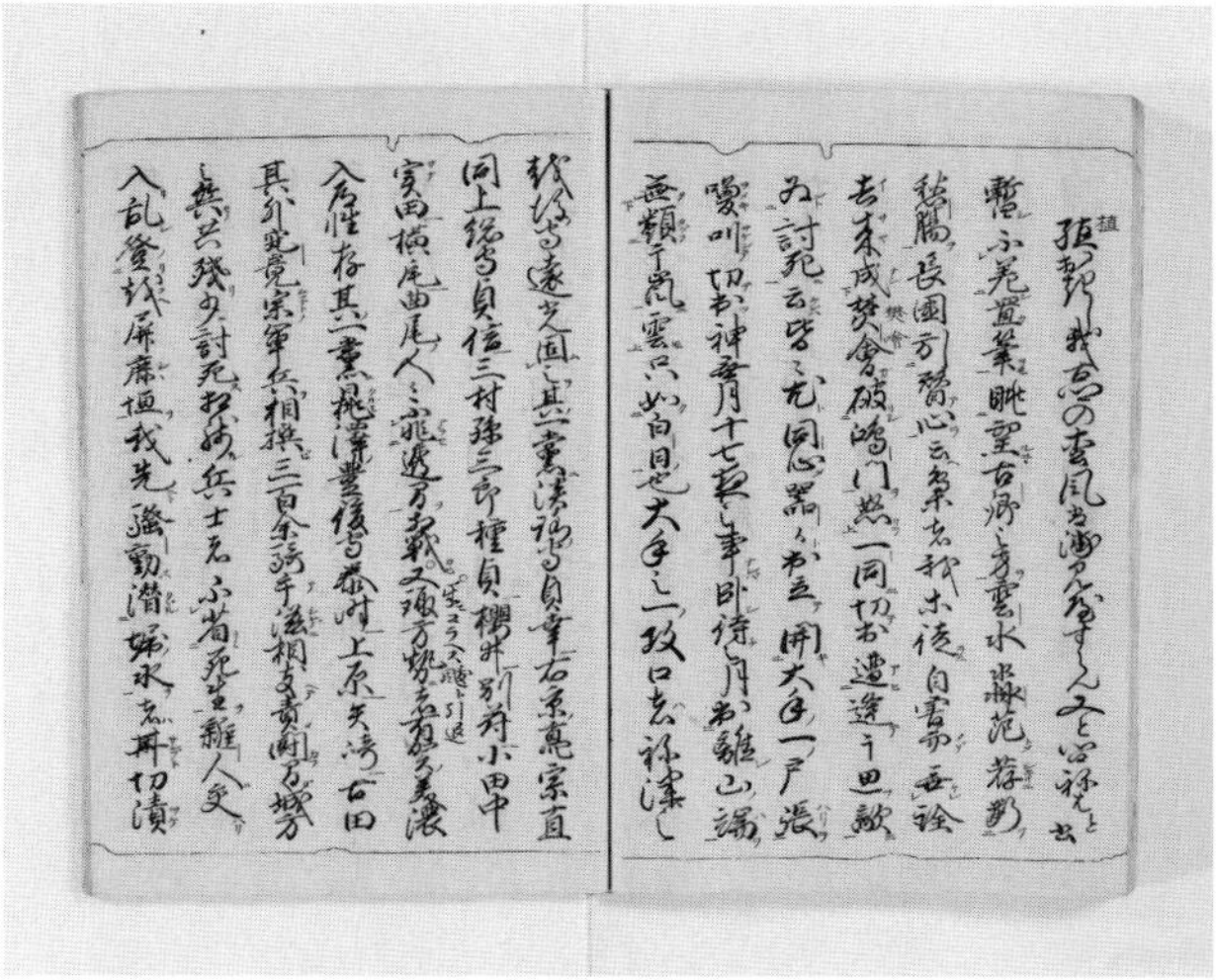

図3　『大塔物語』における真田（実田）氏の登場（左の第31丁表の3行目冒頭）

郡、筑摩郡、安曇郡と、天竜川水系の諏訪郡、姫川水系の安曇郡北部の多くの武士の激しい反抗を受け、戦闘に及び、敗れた事件と捉えることができます。

信州大塔合戦は、このように広域的で重大な事件であったために、長野県と県内の市町村が編集し刊行した自治体史の大多数が、その自治体をめぐる歴史を記す中で、『大塔物語』の記述を挙げて、この戦いと、参戦した領主について言及しています。長野県の自治体史では、『大塔物語』はとても重んじられています。戦国時代の信濃の領主として著名な真田《さなだ》氏の名が見られる最も古い記録も『大塔物語』です。その名（作中の表記は「実田」）は、19の「坂西長国の奮戦と自害」の場面に、大塔の古城塞を攻囲する大文字一揆の祢津越後守《ねつのえちごのかみ》遠光《とおみつ》の一党として、同じく千曲川水系の神川《かんがわ》とその支流（傍陽川《そえひがわ》、洗馬川《せばがわ》）の流れる地域を領した横尾氏、曲尾《まがりお》氏と並んで登場します。このように、『大塔物語』の記述からは、信濃国の山河をめぐる地勢と政治が鮮やかに浮かび上がります。

『大塔物語』は、在地の自然環境、社会環境に根ざしたその記述から、中世の信濃国の歴史を捉える史料としても、きわめて重要です。そうしたこのテキストの文学作品としての表現はどのような特質を具えているのでしょうか。ただ、次節以降で述べるように、その特質を明らかにすることは、必ずしも、この作品の固有の特徴を捉えることを意味していません。

二、日本式の漢学と『大塔物語』

『大塔物語』は、文学史上、軍記物語のジャンルに属するとされています。その記述に『平家物語』や『太平記』との類似を見出すのも難しいことではありませんが、『大塔物語』は、何よりも、日本式の漢学に支えられて、日本式の漢文（和化漢文）で書かれた真名表記テキストです。

日本式の漢学は、律令制の理念とともに、都の政庁や国衙《こくが》の官吏たちの間に広まった和化漢文を学ぶ知に由来します。その知は、正格の漢文を漢籍から直接に学ぶ「博士の漢学」とは異なる「吏《り》の漢学」とも称すべきリテラシー（文字を読み、書く力）です。その興隆期の十、十一世紀には、『将門記』、『尾張国郡司百姓等解文《おわりのくにぐんじひゃくせいらげぶみ》』、『仲文章《ちゅうぶんしょう》』のような特徴ある真名表記テキストも登場しました。

この三書はいずれも、用字、用語、文体はもとより、人間観、世界観、思想においても、吏の漢学の知と理念を旺盛に取り込んでいて、このリテラシーのすぐれた到達点を示しています。「吏の文学」と称すべき名作です。これまでの日本文学史は、仮名の歌文のリテラシーと、博士の漢学によって成立した作品群を中心に捉えられてきましたが、その見方を改め、日本式の漢学に支えられた作品群を新たに加えた展望に立つ必要があります。それは、表現史や、文化史、学問史との有機的な関連を展望する新たな文学史を構想することを意味します。

吏の漢学は、都と地方の別や、官位の別を超えて広範に流通し浸透して、官人をはじめとする多くの人々を支えた重要な知でした。仮名の歌文、正格の漢文、日本式の漢文に相渉《あいわた》るリテラシーを得ることがきわめて難しかった時代に、日本式の漢文はその担い手が最も多かったと考えられます。十一世紀に藤原明衡《あきひら》が著したとされる『新猿楽記』と『雲州往来』は、そうした吏の漢学を学ぶ人たちの高い関心と願望に応える書でした。この二書の記述には、数多くの用字、用語、表現と、世界の事物、しくみを楽しく学べる仕掛けが張りめぐらされていて、地域を超え、時代を超えて広く流通し、後世の日本の辞書、往来物等の類書の様式と盛行を決定づけました。日本のリテラシー史の針路を方向づける書が、日本式の漢学の中から生まれたのです。

「吏の漢学」に始まる日本式の漢学は、「吏」と称すべき階層が存在しなくなっても失われることなく、辞書や往来物等の中に息づく、言わば「類書の漢学」として引き継がれました。類書以外でも、『平家物語』の異本の四部合戦状本《しぶかっせんじょうぼん》、源平闘諍録《げんぺいとうじょうろく》や、『曽我物語』の古態本である真名本（妙《みょう》本寺本《ほんじぼん》等）、『神道集《しんとうしゅう》』も、日本式の漢学に支えられて、十四世紀までに生まれました。さらに、十五世紀に入ると、この日本式の漢学が日本の知を主導する役割を本格的に担うことになります。十四世紀から十六世紀は、類書の漢学の最盛期で、その飛躍的な流通、浸透によって、日本の文化、学問は画期的に興隆します。『庭訓《ていきん》往来』、『異制《いせい》庭訓往来』、『新撰遊覚《ゆうがく》往来』、『新札《しんさつ》往来』、『尺素《せきそ》往来』、『富士野往来』、『琑玉集《しょうぎょく》』、『快言抄《かいげんしょう》』等の往来物、『桂川地蔵記』、『塵荊鈔《じんけいしょう》』、『旅宿問答』等の類書的な読み物、『壒嚢鈔《あいのうしょう》』、節用集、『運歩色葉集《うんぽいろは》』等の辞書が続々と生まれ、流通しました。従来の日本文学史では、十五・十六世紀は、「名作」不在、「古典」不在の時代と目されてきました。その見方によれば、この二百年間を文化、学問の衰退期、空白期と見なすことにもなりますが、実情はまさに正反対で、文化、学問の一大興隆期でした。それを主導したのが日本式の漢学です。そして、この文運の盛時の知の結晶とも言うべき真名表記テキストが『大塔物語』です。その記述の特質と意義を明らかにすることは、日本の文学史、文化史を根源的に捉え直すことに外なりません。[4]

『大塔物語』が室町時代前期の文化、学問の結晶である以上、この作品の特質は、日本式の漢学が主導したこの時代の文化の特徴であることを意味します。『大塔物語』のすぐれた特質を捉えることは、作品固有の意義にとどまらず、この時代に広く流通した日本式の漢学のリテラシーの意義を明らかにすることになります。

三、警世の書としての『大塔物語』

日本式の漢学に支えられた『大塔物語』の記述は、次のような短い序文に始まります（原漢文。以後も、『大塔物語』の引用は、原文ではなく、その訓読文を挙げます）。

去んぬる応永七年庚辰《かのえたつ》九月廿四日《にじふしにち》、信州更科《さらしな》の郡《こほり》布施《ふせ》の郷に於いて合戦したる次第の事。夫《そ》れ政《まつりごと》は天下泰平の計略、国土安穏の根源なり。而《しか》るに近代の御政務、賞罰共に直《なほ》くして都鄙《とひ》悉《ことごと》く静謐《せいひつ》せしめ、上下無事に誇り、万民歓楽を歌ふ。然《しか》る間、孰《たれ》か憲法の裁断を貴ばざらん、孰か廉直《れんちよく》の御成敗を仰《あふ》がざらんや。

この序文は特に個性的な記述ではありませんが、「天下泰平」、「国土安穏」のために、憲法（世を支えるすぐれた法）にもとづく裁断と清廉な執政を尊重すべきであるという道理を明快に説いています。この主張は、信州大塔合戦が「憲法の裁断」、「廉直の御成敗」に背く行為があったために起こったことを示しています。以後のストーリーの中で、道理に背いたとして批判されているのは、守護の小笠原長秀です。5の「国一揆」の蜂起」の場面では、長秀が前例のない守護の権限を行使しようと図り、国人の知行に介入した「強儀《ごうぎ》」を抗争の原因としています。そこには、「暫《しばら》く国静謐する間は、宜《よろ》しく正直の薬を以て訴訟の病を治《なほ》すべく、憲法の燈《ともしび》を挑《かか》げ、宜しく愁歎の闇を照らすべき処に、忽《たちま》ちに貪欲《とんよく》の心に住し、法令の文《もん》に背き、恣《ほしいまま》に非拠《ひきょ》の強儀《がうぎ》を行ふ間、甘露《かんろ》乍《たちま》ちに変じて毒薬と成る。不賢《ふけん》の致《いた》す所、口惜《くちを》しき事に非《あら》ずや」と、長秀の「強儀」に対する厳しい批判が述べられています。

『大塔物語』は、政道への強い関心を持ち、在地の人の生活を重んじ、紛争を深く厭《いと》い、政道の理非を切実に問うています。その姿勢は、『将門記』、『尾張国郡司百姓等解文』、『仲文章』等の吏の文学の特徴に通ずるもので、十・十一世紀以来の日本式の漢学のリテラシーの伝統がうかがわれます。『大塔物語』は、世の安泰の維持を切望する警世の書です。この理想に照らして、小笠原長秀の治政を厳正に非難しています。その厳しさは、『尾張国郡司百姓等解文』の尾張守藤原元命《もとなが》の行動に対する弾劾を想起させます。『尾張国郡司百姓等解文』と『大塔物語』は、「憲法」をキーワードにしていることでも共通しています。

ただし、『大塔物語』が批判するのは、長秀の行動であり、長秀その人ではないことも重要です。『大塔物語』の長秀は、「強儀」を行い、戦乱を招く大きな過ちを犯しましたが、悪人とはされていません。『大塔物語』は、長秀の守護としての失政を厳しく批判し、戦乱の責任のすべてを長秀に負わせ、国一揆方の非を問うていませんが、小笠原方を悪、国一揆方を善とは規定してしません。戦いによる痛み、悲しみを切実に受け止める記述を行う中で、小笠原方の人々に深い同情を寄せています。戦闘の記述でも、八百余騎の小笠原勢が三千騎を超える国一揆勢を相手に奮戦することを好意的に描き、長秀の臣、坂西長国《ばんざいのながくに》の言動を特筆しています。また、小笠原長秀の行動にも好意を向けています。7の「小笠原勢の出陣」の場面では、坂西長国に戦の采配を任せる度量の広さを示し、10の「小笠原勢と海野勢の戦い」の場面では、疲れた配下を励まし勇気づける下知を行い、15の場面では、大塔の古城塞に籠もる味方を救えないことを恥じて自害を図り、腹心の赤沢但馬守に諌止されることも記されています。長秀も、相応にすぐれた武人、武将として描かれています。

『大塔物語』は、人の行動の理非を問うても、人の善悪を断定しません。厳正でありつつも寛容で公平な記述がなされています。『大塔物語』の重要な特質ですが、この特徴は、十・十一世紀の吏の文学にも見られます。中でもそれは『将門記』に顕著です。『将門記』は、国家に対する反乱という「大害」に及んだ平将門《たいらのまさかど》の乱を、将門個人の資質に帰することなく、過度に自力救済的な社会環境において報復の応酬が増幅的に連鎖したものと捉えています。『将門記』における悪とは、平将門という人物ではありません。戦うことそれ自体と、戦いを生む自力救済的な社会環境を悪と捉えています。それだけに危機感は切実です。『将門記』は、「大害」に及んだ戦いの経緯を、悲嘆と警世の思いを込めて丹念に捉え直し、世に提示しています。ここに、吏の漢学に育まれた吏の文学としての『将門記』の特質が現れています。そうした吏の漢学の伝統を受け継いだのか、『大塔物語』も、『将門記』と同様に、戦うこと自体を否定し、戦闘を引き起こす行動を厳しく批判しています。また、悪を人の資質に帰して因果応報の枠組みを作り出すことなく、事件の経緯を丁寧に記しています。平清盛を悪行者と規定して、悪因—悪果の因果律を持ち込んで、込み入った事件をことさらに整合的に示そうとする『平家物語』の記述とは大きく異なります。

このような『大塔物語』と『将門記』等との類似は、『大塔物語』の表現者が十・十一世紀の吏の文学を読んで学んだためと考える必要はありません。日本式の漢学のリテラシーの系脈に支えられて、数百年の時の隔たりを超えて現れた類似と見るべきでしょう。

四．行装の文学としての『大塔物語』

『大塔物語』は、平安時代の吏の文学『将門記』等と性格を同じくして、政道への強い関心を持ち、厳正に理非を判断しつつ、公正で寛容な記述を行っています。こうした吏の漢学の伝統にもとづく性格に加えて注目されるのが、平安時代の『新猿楽記』、『雲州往来』に始まり、中世に隆盛を迎える類書の漢学に見られる特徴です。同じ日本式の漢学のリテラシーの系脈を形作りながらも、吏の漢学と類書の漢学との間には異なるところがあります。中でも、吏の漢学に目立たず、類書の漢学に顕著な表現として重視されるのが、祝祭的に事物を並べ立てる修辞としての列叙《れつじょ》（もの尽くし）です。この列叙は、『新猿楽記』に由来するもので、多くの用字、用語、表現と、世界の事物、しくみを豊かに学ぶための仕掛けとして、往来物、類書の記述の本質を支え、形作っています。

日本式の漢学と列叙とは不可分の関係にあります。特に、中世には、すぐれた列叙の表現が次々と現れました。そうした列叙の文学の伝統の中に生まれたのが、行装《こうそう》の文学です[5]。行装とは、華やかに飾った行列のことで、日本では、十四世紀頃から、そうした行列を描く記述自体が重要な文学表現になります。武具、馬具をはじめとする多様なものを次々と挙げて行列の様態を祝祭的に詳述する列叙は、『曽我物語』真名本、『太平記』、『庭訓往来』、『異制庭訓往来』、『新撰遊覚往来』、『新札往来』、『桂川地蔵記』、『尺素往来』、『富士野往来』、『信長公記』、『天正記』等に見出すことができます。このような行装の表現は、類書の漢学に支えられたものですが、『大塔物語』も、『桂川地蔵記』等と並ぶ、すぐれた行装の文学としての特質を具えています。

『大塔物語』の行装の文学としての本領が特に際立つのが、3の「小笠原長秀の善光寺入り」の場面です。その記述は、「去る程に、小笠原信濃守長秀は、吉日良辰《きちじつりやうしん》を撰《えら》び定め、善光寺に打ち入る。長秀、其の日の出で立ち、路次《ろし》の行粧《かうさう》、巍々《ぎぎ》蕩々《たうたう》として、綺羅《きら》天に耀《かかや》き、景勢《けいせい》隣《あた》りを攘《はら》ふ」と始まります。善光寺は、日本最古の阿弥陀如来像とされる本尊を中心に篤《あつ》い信仰を集める霊場であり、信濃国の政庁としての機能を具えた政治の中心でもありました。そこに華美な行装を仕立てて入ることは、長秀にとって、新守護としての自らの威勢を誇示する晴儀に外なりませんでした。

『大塔物語』は、そうした長秀の行装を、驕慢な行為と指弾することなく、その祝祭的な様態をむしろ寿《ことほ》ぐかのように躍動的に詳細に描き出しています。

行列の先頭は、鎧韓櫃《よろいからうと》、長枝《ながえ》（柄《え》の長い荷）等約百合《ごう》です。富裕、富強を誇示するみごとな荷としての登場です。この荷の多くは一合につき二人で担うと思われますので、担い手は約二百名に及びます。これに、さまざまな毛色の馬約五十頭が続きます。馬だけでも壮観ですが、各馬に引き手が付きます。その人数は五十人を超えます。この後は、さまざまな弓を手にし、さまざまな鳥の羽で矧《は》いだ矢を負《お》う者百人、金銀の蛭巻《ひるまき》をした朱塗りの鑓《やり》を持つ者百人、多彩な縅《おどし》の筒丸《どうまる》（身動きしやすい作りの鎧《よろい》）を着て、白柄《しらえ》の長刀《なぎなた》（木地のままで塗りなどを加えていない長刀）を持つ者百人と、歩兵の隊列が続きます。ここまでで、五百五十人以上の徒歩《かち》立ちの人が多彩な物とともに登場したことになりますが、まだ行列の前段です。

次に、小笠原長秀の名馬が登場します。その偉容は、「真黒鴾毛《まつくろつきげ》なる馬の長八寸《たけやき》に余つて飽《あ》くまで太く逞《たくま》しきに金覆輪《きんぷくりん》に三《み》つ松皮《まつかは》を磨《す》つたる螺鞍《かひくら》を置き、小房《こぶさ》の鞦《しりがひ》、芝打長《しばうちなが》に颯《さつ》と懸《か》け、那波《なは》鐙《あぶみ》に白磨《しろみがき》の轡《くつわ》を賀志《かし》と含《は》め、舎人《とねり》五人に之を牽《ひ》かす。凡《およ》そ此《こ》の馬の相好《そうがう》は両《りやう》の眼《め》は鈴を張り、両の耳は竹を芟《かひそ》ぎ、頸は龍の如く、後《うし》ろは山を築《つ》き、股《もも》は琵琶《びは》を逆《さか》さまに立てたるに似たり。肢爪《えだつめ》、地《ち》拘《かかへ》、勝《すぐ》れたる馬にて三長三短《さんちやうさんたん》悉《ことごと》く調《ととの》ひて一つも欠けたる所無し。此の馬、前肢《まへあし》を中に勾《かが》め、後《あと》の肢を掻《か》い敷きて尾編木《おささら》を突き、白沫《しらあは》を噉《か》み、牽《ひ》つ手《て》に懸かり、舎人《とねり》に倚《よさ》り、驤《は》ね驍《いさ》んだる風情《ふぜい》、只《ただ》驊騮騄駬《くわりうりよくし》の半漢《いさみ》なり」と詳述されています。この一身をもって、長秀の威勢を象徴する名馬です。

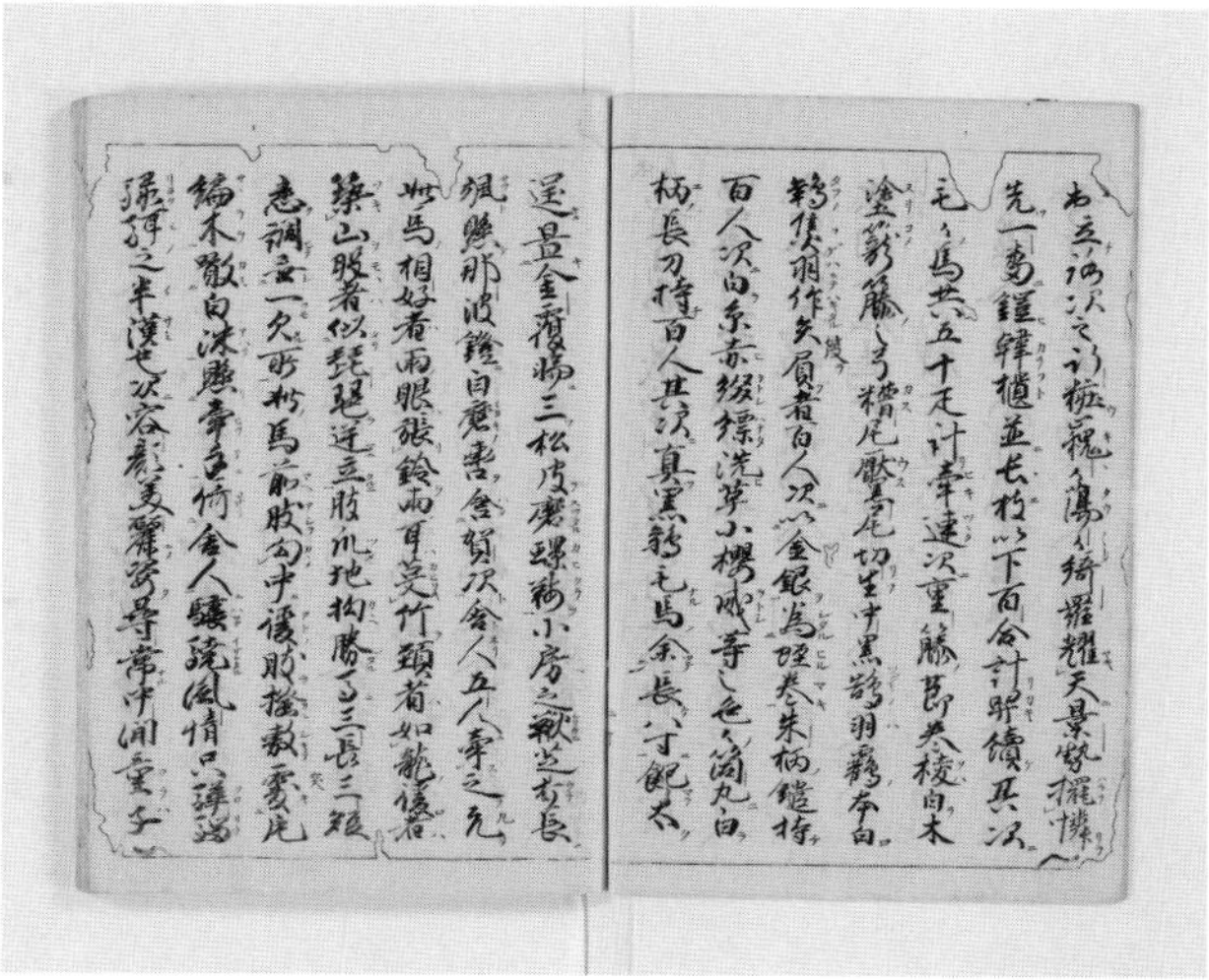

図 4　『大塔物語』の名馬の記述（右の第 4 丁裏の最終行から始まる）

その後に、長秀本人が、中間童子《ちゅうげんどうじ》五、六十人、家子《いえのこ》、若党三十余人が作る隊列の中で、力者《りきしゃ》七、八人の舁《か》き上げる輿《こし》に乗り、下部《しもべ》十余人に取り巻かれて登場します。長秀は、あえて騎乗せず、美しく華やかな中間童子、家子、若党、力者に囲まれて輿に乗ることで、信濃の他の領主たちとの格の違いを誇示しようと考えたのでしょう。ここまでが、徒歩《かち》立ちの人による行列です。

これに騎乗の人が続きます。その先頭は、武士ではありません。頓阿という連歌、早歌《そうか》、物語といった諸道の奥義を極めた、都で評判の芸能者です。きらびやかな美装で身を包み、飄然《ひょうぜん》と馬に乗り、扇で鞍の前輪を打ち鳴らし、一声歌って悠然と進みます。その様子は、「誠に淵底《えんてい》を究《きは》めたる風情、言語道断《ごんごどうだん》にして是非《ぜひ》の批判に及ばず。今日の見物は、頓阿を以て規模《きぼ》と為《な》す」と讃えられています。長秀は、都で名高い芸能者を、信濃国の善光寺門前に登場させることでも、信濃の他の領主たちとは格が違うことを誇示しようと企図しています。

その後に、小笠原の一族、外様の武士二百余騎が、それぞれに意匠を凝らした烏帽子《えぼし》、生襖《すおう》、袴《はかま》、行縢《むかばき》、弓、篛《うつぼ》、馬、鞍で身を飾り、一団となって続きます。長秀配下の主力をなす武士たちです。このうちの主だった者十八名の実名が連記されています。

さらに、中間、力者、小童や「若殿原」が続く中で、長秀の名鷹《めいよう》が登場します。この名鷹の描写は、詳細を極め、その身の部位の名（名所《などころ》）を次々と挙げて絶讃しています。鷹の表現として、日本文学史上、最も詳細を極めた圧巻の記述と言ってよいでしょう。名馬と頓阿弥と同じく、この名鷹も、長秀の威信を高める格別の存在です。

『大塔物語』は、さらに、この行装を見物しようと、思い思いの装いを凝らして、善光寺の門前に「履《くつ》の子を打つ所も無」いほどに集まった見物人のことを描き、この場面の一連の記述を締め括っています。稀代の霊場として日頃から「門前市を成し、堂上花の如し」という賑わいをなす善光寺に雲、霞の如く集まった見物衆が、長秀の行装の晴儀をいっそう引き立てています。

このような行装の表現は、室町時代に隆盛を迎えるものです。そのおびただしい事物を挙げる祝祭的な列叙には、世界を表象する類書としての性格が顕著です。こうした行装の表現によって、『大塔物語』が類書の漢学に支えられた室町時代の書であることがよくわかります。

そして、同じ十五世紀の作品として、『大塔物語』の行装の表現と際立った類似を見せる記述を持つのが『桂川地蔵記』です。『桂川地蔵記』は、信州大塔合戦の十六年後の、応永二十三年(一四一六)七月に、京の桂川のほとりに忽然と「示現」した地蔵菩薩の石像をめぐり、多くの人が続々と集まり、膨大なものが運ばれ、喧噪に満ちた祝祭空間が出現したことを日本式の漢文で記しています。そこには、華美な作り物を仕立て、美装を纏《まと》い、歌舞音曲をなして進む「風流《ふりゅう》」の行列が次々とくり出され、貴重な唐物《からもの》をはじめとする多種多様の珍物《ちんぶつ》、美物《びぶつ》が路傍の出店に並べられたといいます。その記述は、多大な誇張、脚色を含んでいますが、列叙と対句を駆使して、世界の際限ない豊かさと活力を語っています。眼前になくとも、世界の事物であれば、列叙のうちに加えてかまわないという類書としての旺盛な意欲にも溢れています。『桂川地蔵記』とは、地蔵菩薩像の「示現」という聖なる奇跡を機縁として世界の形としくみを捉えようと企図した類書です。この特別な機縁を生かして語るという意思は、『大塔物語』の小笠原長秀の善光寺入りの記述にも現れています。小笠原長秀の善光寺入りの示威的な行装が機縁となって、世界の事物と言葉が溢れ出しているのです。

『大塔物語』と『桂川地蔵記』は共に列叙を駆使して世界の表象を志向する十五世紀の真名表記テキストですが、この両書には、同様の鎧、弓、箭《や》、馬、鞍が列叙に登場するなど、共通する言葉が次々と現れます。その中で、「地拘《ちかかへ》」、「肢爪《えだつめ》」という、用例のきわめて少ない、馬の様態を表す語も共に見られます。両書の成立の先後は定かでありませんが、信濃の出来事を信濃の人が記したとおぼしき『大塔物語』と、洛中かその周辺で書かれたであろう『桂川地蔵記』との間で、必ずしも一方が一方をふまえたと考える必要はなさそうです。「地拘」、「肢爪」という用語は、室町時代の往来物の『新札往来』、『尺素往来』にも見られます。『大塔物語』、『桂川地蔵記』、『新札往来』、『尺素往来』はいずれも、類書の漢学の一大隆盛期に成立した真名表記テキストです。こうした用語の共有は、日本式の漢学がいかに広域的に流通していたのかをもの語っています。『大塔物語』と、『新札往来』、『尺素往来』の間では、「三長三短」という駿馬《しゅんめ》の姿を形容する稀少な言葉の共有も見られます。

五．在地の文学としての『大塔物語』

『大塔物語』の列叙は、行装の表現だけではありません。世界の表象ということでは、6の、国一揆勢が横田河原近くの千曲川の畔に集結する場面の次の名寄せも注目されます。

村上満信は、九月三日、兵《へい》を屯《たむろ》し、旗を挙げて打つ立ちぬ。相随《したが》ふ人々は誰々《たれたれ》ぞ。千田《せんだの》讃岐守《さぬきのかみ》、飯沼《いひぬまの》四郎、風間宮内少輔《かざまのくないのせう》、入山遠江守《いりやまのとほたふみのかみ》、寄相肥前守《よりあひのひぜんのかみ》、雨宮《あめのみやの》孫五郎、生身《なまみの》大和守、重冨《しげとみの》四郎、小島刑部少輔《をじまのぎやうぶのせう》、飯野《いひのの》宮内少輔、横田美作守《よこたのみまさかのかみ》、広田掃部助《ひろたのかもんのすけ》、吉益蔵人《よしますのくらんど》、麻績山城守《をみのやましろのかみ》、浦野式部丞《うらののしきぶのじよう》、都合其の勢五百余騎、屋代《やしろ》の城を打ち出でて篠井《しののい》の岡《をか》に陣を取る。伴野《ともの》、平賀《ひらか》、望月《もちづき》、桜井《さくらゐ》、高沼《たかぬま》、洲吉《すよし》、小野沢《をのざは》、皆一手に加はつて、其の勢七百余騎、上《うへ》の島《しま》に陣を取る。海野《うんのの》宮内少輔幸義《ゆきよし》は、舎弟《しやてい》に中村弥平四郎、会田《あひだ》岩下《いはした》、大葦《おあし》、飛賀留《ひかる》、田沢《たざは》、塔原《たふのはら》、深井《ふかゐ》、土肥《とひ》、矢島《やじま》以下《いげ》を引率《いんそつ》して其の勢三百余騎、山王堂《さんわうだう》に陣を取る。高梨薩摩守友尊《たかなしのさつまのかみともたか》は、嫡子《ちやくし》に椚原《くぬぎはらの》次郎、次男に上条介《かみでうのすけ》四郎、江部山城《えべのやましろ》、草間大蔵《くさまのおほくら》、木島《きじま》、吉田《よしだ》、菅間《すがま》を始めとして其の勢五百余騎、二柳《ふたつやなぎ》に陣を取る。井上左馬助光頼《ゐのうへのさまのすけみつより》は、舎弟に遠江守、万年《まんねん》、小柳《をやなぎ》、布野《ふの》、中俣《なかまた》、須田伊豆守《すだのいづのかみ》、島津《しまづの》刑部少輔、各《おのおの》一手に加へて、其の勢五百余騎、千隈河《ちくまがは》の河鰭《かはばた》に陣を取る。大文字一揆の人々は、仁科《にしな》、禰津《ねつ》、春日《かすが》、香坂《かうさか》、宮高《みやだか》、西牧《にしまき》、落合《おちあひ》、小田切《をだぎり》、窪寺《くぼでら》、其の勢八百余騎、布施の城を後《うし》ろに当てて芳田崎《はうだがさき》、石川《いしかは》に陣を取る。

この名寄せには、多くの武士が登場しますが、各氏族の本拠と比定される地を信濃の地理、地勢に照らして捉えると、信濃十郡のうち、小笠原氏が本拠とする伊那郡を除く九郡の武士たちが、村上勢（更級郡、埴科郡、水内郡）、伴野勢（佐久郡）、海野勢（小県郡、筑摩郡）、高梨勢（高井郡、水内郡）、井上勢（高井郡、水内郡）、大文字一揆（安曇郡、小県郡、水内郡、筑摩郡、諏訪郡）に分かれ、それぞれが千曲川水系の支流、本流に沿って川中島の横田河原周辺に集結する様態が生き生きと捉えられています。信濃の領主たちが、千曲川のそれぞれの支流に、水利を生かして割拠し、合流を重ねる川の流れに従うように、ネットワークを築き上げている様子を系統的に看取できる、みごとな記述です。たとえば、海野勢の「会田岩下、大葦、飛賀留、田沢、塔原」という記載からは、小県郡の海野の地（現在の東御《とうみ》市）を本拠とする海野氏が、筑摩郡の会田（現在の松本市会田）にも拠点を築き、そこから会田川に沿って犀川の東岸部に進出し、大葦（大足）、飛賀留（光）、田沢、塔原（いずれも現在の安曇野市。会田川が犀川に合流する地が大葦で、そこから南に向かって、塔原、飛賀留、田沢と並ぶ）の各地に一族が分住していた様相が浮かび上がります。

この名寄せから浮かび上がるのは、信濃の山と水が作り上げた地勢の力学であり、それにもとづいて領主たちが割拠した信濃国の社会の姿です。他にも、19の、坂西長国の奮戦を語る場面の、大文字一揆のうちの、「祢津越後守遠光《ねつのゑちごのかみとほみつ》」の一党、「有賀美濃入道性存《あるがのみののにふだうしやうぞん》」の一党、「仁科弾正小弼盛房《にしなのだんじやうせうひつもりふさ》」の一党をそれぞれ記す名寄せや、20の場面の、大塔の古城塞での小笠原方の戦死者の列叙にも、信濃の地勢と政治の様子を確かに読み取ることができます。本章の第一節「『大塔物語』の概要」で、19の場面の祢津遠光の一党の名寄せにおける真田（実田）氏の記述にかかわっても述べたとおり、『大塔物語』には、信濃の山水と政治をめぐる在地の感覚が豊かに息づいています。

同様の在地の感覚は、27の場面の、常葉八郎の母の道行の記述にも根強く現れています。夫と子が戦死したことにより出家した常葉八郎の母は、伊賀良《いがら》の庄《しやう》の家を離れ、伊那《いな》の篠原《ささはら》、諏訪湖畔の衣が崎を通って、山路を越え、有坂《ありさか》を過ぎ、千曲河畔に出て、坂木《さかき》（坂城）の宿に行き、西に向かって、更科《さらしな》の伯母捨山《おばすてやま》を眺めつつ、塩崎に着き、大塔の夫と子の墓に詣でて、善光寺に至り、妻戸の時衆になります。それを語る道行文《みちゆきぶん》には、常葉八郎の母の悲しみを切実に受け止める感覚と、在地の地理、地勢に対する確かな理解とが深く溶け合っています。

在地の地理、地勢や政治についての確かな記述は、『将門記』や真名本『曽我物語』等にも見出され、日本式の漢学のリテラシーの系脈に息づくものと考えられます。『大塔物語』の在地に根ざした意識も、同じ知の伝統を基盤にして、先述の名寄せや、中世の軍記物語、早歌《そうか》（宴曲《えんきょく》）、謡曲等にも見られる道行文に現れています。『大塔物語』の記述は、日本式の漢学と、それが主導した室町の文化が奥深く交叉するところに成り立っているのです。

そのことにかかわって、先に引用した、6の、国一揆勢が横田河原近くの千曲川の畔に集結する場面の記述に続いて、次の表現があることも見逃せません。

思ひ思ひの旗、笠験《かさじるし》、幕《まく》の文《もん》こそ謚《やさ》しけれ。一文字《いちもんじ》、二文字《にもんじ》、二引両《ふたつひきりやう》、三引両《みつひきりやう》、木合《もつかう》、輪《わ》違《ちがひ》、乱《みだ》れ文《もん》、菱形《ひしがた》、亀甲《きつかふ》、連銭《れんせん》、裾濃《すそご》、蝶丸《てふのまる》、靏丸《つるのまる》、三葉柏《みつばがしは》、二本唐笠《にほんからかさ》、三本松《さんぼんまつ》、天蓋《てんがい》、嵐に揉《も》ませ、夕日の景《かげ》に耀《かかや》かせ、祧《ひらめ》き亘《わた》る為体《ていたらく》、𦱳茰《ききやう》、苅萱《かるかや》、女郎花《をみなへし》の野風《のかぜ》に靡《なび》くに異ならず。

列叙を基調とする表現ということでは、前の記述から一貫しているのですが、このさまざまな家紋を描く旗、笠験、幕が秋の草花のように夕日に輝いてひらめく姿を描き出す記述には、大きな誇張があります。6の場面には、在地の地勢と政治の現実に根ざした列叙と、仮構された誇大な列叙とが隣り合っているのですが、いずれの列叙も、類書の漢学を支えにして世界の表象を旺盛に志向

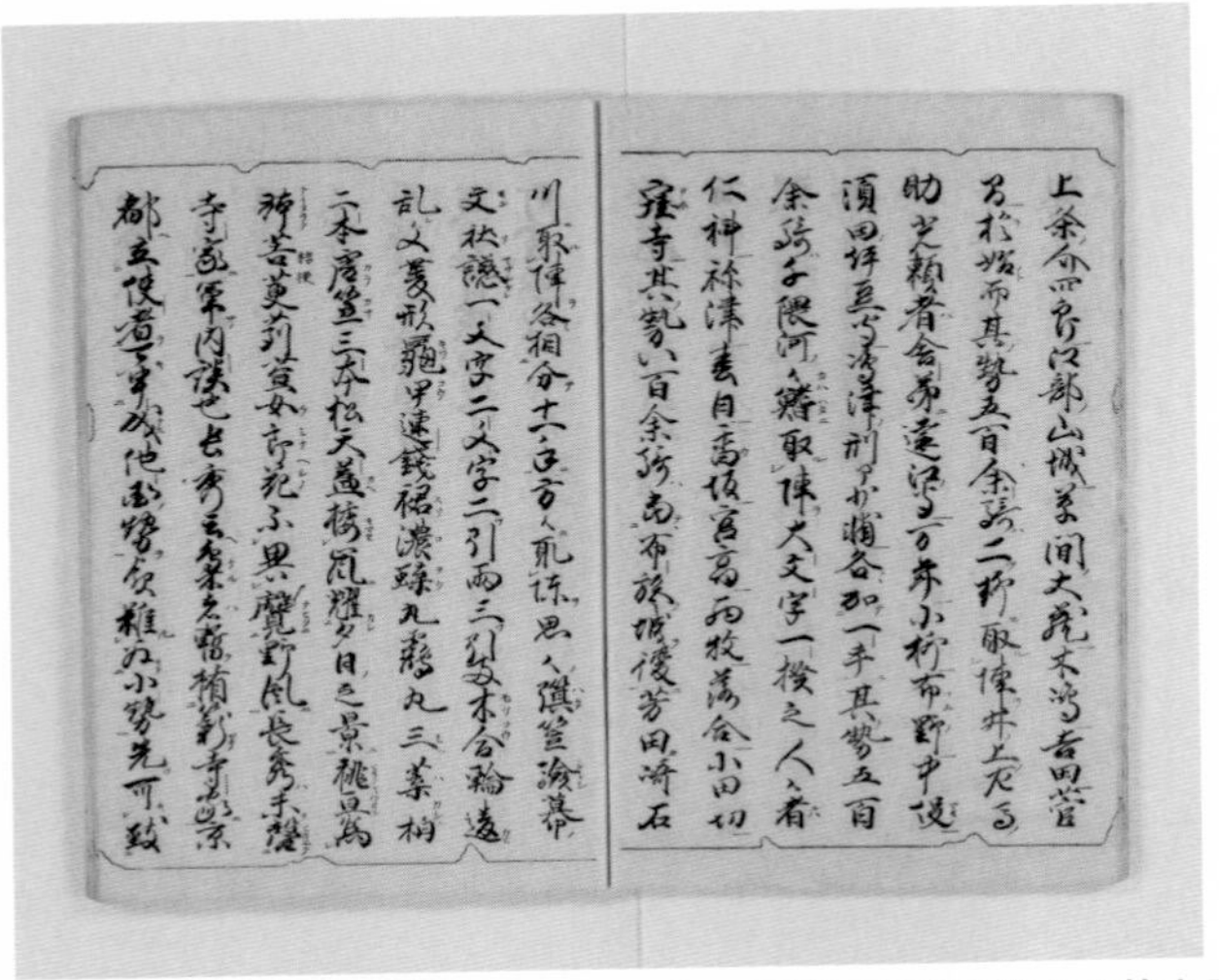

図5　『大塔物語』の家紋の記述（左の第13丁表の最初の行から始まる）

しています。類書の世界表象においては、事実と虚構とは截然《せつぜん》と分けられるものではありません。先述のとおり、『桂川地蔵記』も誇張、脚色を含む列叙を駆使して、世界の秩序と底知れぬ豊かさ、活力を語っています。先の引用文に現れる「謚」、「祧」、「覺」等のような特徴ある言葉も、そうした旺盛な世界表象を支えています。

『大塔物語』のこの家紋の列叙は、同じく室町時代に書かれた『長倉追罰記《ながくらついばつき》』（別名「長倉状」等）を想起させます。『長倉追罰記』は、冒頭で、永《えい》享《きょう》七年（一四三五）に、鎌倉公方《くぼう》、足利持氏《あしかがもちうじ》が、常陸国那珂郡《ひたちのくになかぐん》の長倉城に拠る佐竹氏の一族、長倉遠江守義成を攻めたことを記していますが、戦闘自体を語ることなく、「此の時、某《それがし》、打ちめぐり、次第不同にうちながす、幕の紋をぞかぞへける」という言葉に始まる家紋の列叙が記述の大半を占めています。軍記と言うよりも、家紋を列挙した類書です。『大塔物語』の家紋の列叙にも同様の性格があります。しかも、『大塔物語』と『長倉追罰記』の記述は酷似しています。両書の成立の先後は不詳ですが、『大塔物語』の家紋の列叙の結びと、『長倉追罰記』の結尾の記述「能々《よくよく》見れば、長月の秋の末葉の荻、薄、尾花、かるかや、をみなめし、野分の風に打ちなびき、時雨や露にくちはてて冬の野陣の幕そろへ、中々筆に尽くし難し」との類似は明白です。両者に関連があるのは間違いないところですが、この類似も、一方が一方を典拠にしたと見なくてもよいでしょう。さまざまな家紋を描いた多くの旗や幕が風に翻るのを秋の野の草花に喩《たと》えることが、十五世紀の学びの場に広がっていたと考えられます。同じ十五世紀の半ばに成立した辞書『壒嚢鈔《あいのうしょう》』にも「幕ノ文《もん》」の列叙が見られます。

『大塔物語』は、先述のとおり、行装の文学としても、また、在地の文学としても、類書としての性格を顕著に具えています。

六．軍記文学としての『大塔物語』

このように、日本式の漢学に支えられた類書としての性格の強い『大塔物語』ですが、戦闘を記述した軍記であることも確かです。先に取り上げた名寄せにも明らかなように、軍記であることと、類書の性格を具えることとは矛盾せず、支え合う関係にあります。その中で、『大塔物語』の戦闘の表現は誇張を具えています。19の「坂西長国の奮戦と自害」の場面の記述を通して、その実態と意味を考えてみます。

この場面には、大塔の古城塞が陥落する応永七年十月十八日の前夜の戦いが記されます。長期にわたって包囲され、食が尽き、なおも馬を食うことで飢えを凌いでいた小笠原勢が、この夜、進んで出撃しますが、次の記述のように、無残にも敵に討たれたといいます。

堀《ほり》の水《みづ》を潜《くぐ》る者は斟《ざんぶ》と切り漬《つ》け、斟《どんぶ》と突き入れ、剥々《こぢ》ては辷《たふ》し、突々《つい》ては軅《ころば》し、或いは着物を刻《は》ぎ取られ、赤裸《あかはだか》に成り、蚑《は》ひ廻《まは》る処を、攻め口の雑人共《ざふにんども》溢《あふ》れ懸かり、棒《ぼう》、棆《ちぎりき》を以て薙《な》ぎ臥《ふ》せ、打ち倒《まるば》し、頭《かしら》を搔《か》い慌《かなぐ》り、細足を爴《つか》んで投げ臥せ、振り廻し、嗡《せせな》げ嘖《さいな》む事云ふ斗《はか》り無し。是を物に能々《よくよく》比《くら》ぶれば、獄卒《ごくそつ》阿防羅刹《あばうらせつら》等の鬼王共《きわうども》、罪人の軽重《けいちやう》に依つて鐵《くろがね》の杖《つゑ》を以て打ち縛《しば》るも、是には過ぎじとぞ見へたり。自業自得《じごふじとく》の有様、因果の程こそ無慙《むざん》なれ。

餓鬼道、修羅道、畜生道、地獄道の苦しみをあわせて描き出すような凄惨な記述です。この記述には誇張がありますが、表現者は、討たれた人の心身の苦痛に寄り添って、戦闘が厭うべき業苦であることを示しています。中でも、特徴ある漢語の表記に、戦闘の中の心身の苦痛を切実に受け止めようとする感覚が強くうかがわれます。

この記述の後に描かれるのが、作中で最も英雄化されている人物、坂西長国の奮戦です。深い厭戦の思いを込めた記述の後に、躍動的な戦いの表現が現れるのです。その中の長国がひとり大文字一揆の仁科盛房の一党を相手に闘う場面には、「長国、究《きは》めて早態《はやわざ》の兵《つはもの》成《な》れば、件《くだん》の金筒丸《こんどうまる》の柄《つか》の中《なか》を押《お》つ取り、中《ちう》に捧《ささ》げ、凸《なかたか》き所をば由良由良《ゆらゆら》頡《をどりこ》へ、凹《なかくぼ》き所をば飛良飛良《ひらひら》頑《はねこ》へ、堀、谷を嫌はず踊り越へ罷《は》ね越へ」という表現や、「少し高き所に走り上がつて、跋扈《ばつこ》とふみはだかり獖《いか》つて立つ処に、仁科弾正小弼盛房、白糸縅《しらいとをどし》の鎧に、同じ毛の甲の緒《を》を卜《し》め、直綱《なほつな》と云《い》ふ重代《ぢゆうだい》の太刀の五尺三寸有りけるを、汰平《そばひら》、十文字《じふもんじ》に渡り合ひ、菱《ひし》に打ち違《ちが》ひ、半時斗《はんときばか》り責め闘つて、未だ勝負を決せざる処に、盛房が手の者大勢落ち重なつて、真中《まんなか》に押つ取り裹《つつ》んで水火《すいくわ》の争ひを成す」という表現が現れます。

この場面の記述の用字、用語を詳しく考えると、奥深い知に支えられていることがわかります。「凸き所をば由良由良頡へ、凹き所をば飛良飛良頑へ」という表現の「頡」、「頑」という用字は、中国古代の『詩経（毛詩）』の中の詩「燕燕」の「燕燕于飛　頡之頏之」を原拠としています。『大塔物語』の表現者が『詩経』を読んだとは考えられませんが、「頡」、「頏」の語を漢学のリテラシーの中で学んだことは間違いありません。それならば、「頑」の字は「頏」であったと考えられますが、実は、「頏」とあるべきところを「頑」と記すのは、南宋時代の中国で刊行された『毛詩註疏《もうしちゆうそ》』（『詩経』の注釈書）にも見られることで、足利学校に伝来した本には「飛而上曰頡　飛而下曰頑」と記されています。さらに、十一世紀の古辞書『色葉字類抄《いろはじるいしょう》』にも「頡トビノボル頑トビクダル」という記述が見られます。飛び下るという意味で「頑」の字を用いるのも由緒あることです。また、飛び上るのを「凸」き所、飛び下るのを「凹」き所と記しているのは、漢字の象形性を存分に生かした表記です。「由良由良」、「飛良飛良」という擬態語の表記では、漢字の表音性が注目されます。「凸き所をば由良由良頡へ、凹き所をば飛良飛良頑へ」という短い記述にも、漢字の持つ、表意性、表音性、象形性を生かしたみごとな工夫が凝らされています。坂西長国が「究めて早態の兵」であることを強調する意匠です。その工夫をなしたのは『大塔物語』の表現者ですが、日本式の漢学のリテラシーを支えにしています。『大塔物語』の記述の各所に、同様の意匠を見出すことができますが、そこに息づくしたたかさは、『大塔物語』の固有の特徴であると言うよりは、日本式の漢学のリテラシーの奥深い伝統にもとづく特徴です。

『大塔物語』を読み解くと、戦闘の記述も、それを可能にするリテラシーがあってはじめて成り立ったものであることがよくわかります。表現にしばしば誇張が現れるのも日本式の漢学のリテラシーによるものです。たとえば、先述の19の場面に登場する、仁科盛房の持つ、仁科氏重代の「直綱」という太刀は、刃渡りだけで五尺三寸（約一メートル六十センチ）あったとされています。実戦で使えるとは到底信じられない大太刀ですが、盛房と闘った坂西長国の持つ太刀「金筒丸」に至っては、7の「小笠原勢の出陣」の場面の記述によれば、六尺三寸四握に及んだといいます。刃渡り六尺三寸（約一メートル九十センチ）、柄《つか》の長さが四握、手のひらの幅四つ分（約五十〜六十センチ）

あったことになります。長国と盛房は、人の身の丈を超える大太刀を存分に振るって半時（一時間）ばかりも闘い続けたことになります。これほど長大な太刀の記述は他に類例を見ません。長国と盛房の強力さ、剛健さを強調する表現ですが、これほどの誇張があるのも、『大塔物語』のひとつの特質であり、日本式の漢学の知のひとつの形と言えます。

『大塔物語』の軍記としての表現も、日本式の漢学に深く支えられています。

七．鎮魂の文学としての『大塔物語』

『平家物語』に顕著なように、多くの軍記が戦いで亡くなった人の魂を救済に導く鎮魂という社会的機能を担おうとしてきました。『大塔物語』もそうした鎮魂の文学です。これまでも、特に、時衆《じしゅう》（時宗《じしゅう》の聖《ひじり》や尼）の活動が注目されてきました。[6]『大塔物語』には時衆が登場し、時衆が集まった善光寺の妻戸《つまど》（善光寺の堂の出入り口の戸）や高野山の萱屋堂《かやどう》の名も見られます。22の場面では、大塔の古城塞が陥落した後に、善光寺の妻戸の時衆と十念寺の聖がその地に赴いて、戦死者の亡骸を焼いて遺骨を塚に納め、供養しています。23の場面では、櫻小路の玉菊花寿という遊女が時衆の助けを得て、坂西長国の遺骸をとり納め、善光寺で出家して長国の菩提を弔っています。26の場面では、ひとりの妻戸の時衆が常葉八郎の形見を母に届け、常葉入道と子の五郎、八郎の最期を伝

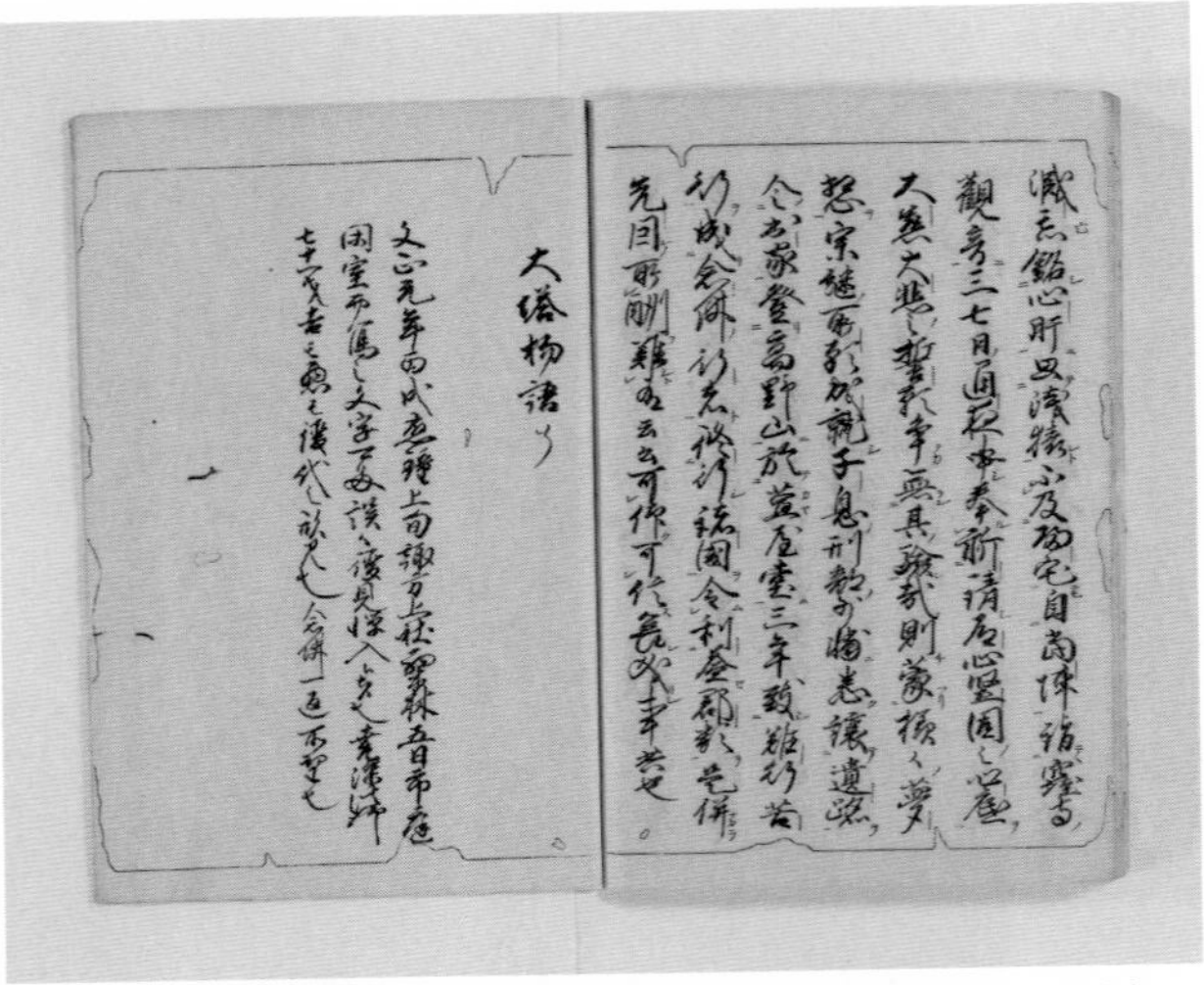

図6 『大塔物語』の結尾部と奥書（第42丁裏と第43丁表）

え、その母の出家の戒師を務めます。この後に、善光寺に戻らずに高野山に入ったことも語られます。27の場面では、常葉八郎の母が家を離れて旅をして、大塔で夫と子の墓に詣でた後に、善光寺に入り、妻戸の時衆になっています。物語の結尾となる28の場面では、21の大塔の古城塞の陥落の場面で敵の小笠原方の惨状を見て厭世の念を抱いた香坂宗継が、戦場から家に戻らずに窪寺に籠もり、道心を固めた後に、高野山萱屋堂に入って念仏行者となり、諸国を修行し、衆生利益《しゅじょうりやく》に尽くしています。その上で「是併《これしかしなが》ら先因《せんいん》の酬《むく》ふ所、有り難しと云云《うんぬん》。仰ぐべし、信ずべし。哀れ成りし事共《ことども》なり」という言葉で全篇が閉じられています。

このように、『大塔物語』には、時衆が活躍する鎮魂の文学としての性格が色濃く現れています。それはたいへん重要な特質です。本章の第一節「『大塔物語』の概要」で言及した、書写者の堯深法師による奥書の最後にも「念仏一返所望するなり」と述べられていますが、これも、鎮魂の文学としての祈りを汲んでの読み手への呼びかけと考えられます。

そして、『大塔物語』は鎮魂の文学としても、日本式の漢学のリテラシーに支えられています。たとえば、21の、大塔の古城塞の陥落の日に、香坂宗継が敵の惨状を見て厭世の念を抱く場面は、次のように表現されています。

　去んぬる間、明くれば十月十八日なり。攻め口の軍勢、寅《とら》の時に打つ立ち、自身自身《おのおの》馳せ廻《めぐ》り、死する者をば頸《くび》を取り、半生《はんしやう》なる者をば留目《とどめ》を差し、落ち行く者をば打ち留《とど》め、或いは肘《かひな》を截《き》り落とさるるも有り、或いは股膝《ももひざ》を擲《な》ぎ零《お》とさるる者も有り。半生なる者共は彼此《かしこここ》に岐《は》ひ散る処を、押し摜《つ》め押し摜め首を取る。言語道断《ごんごだうだん》の作法《さはふ》なり。爰《ここ》に、香坂左馬亮入道宗《かうさかのさまのすけにふだうそう》継《けい》、暫《しばら》く目を塞《ふさ》ぎ、心中に思はれけるは、「六道外《ろくだうほか》に無し。只眼前《ただがんぜん》の弓矢取る身の習ひに有り。全く人の上に非《あら》ず。偏《ひと》へに源《みなもと》は貪欲《とんよく》の心より起こり、皆名利《みやうり》に誇り、消へ易《やす》き露の命を省みず、愚かにして百年の栄楽《えいらく》を求むるが故《ゆゑ》なり。倩《つらつ》ら之《これ》を案ずるに、愛着執心《あいぢやくしふしん》の愚人《ぐにん》、冥《めい》途《ど》の苦患又々《くげんまたまた》斯《か》くの如し。今彼等の為体《ていたらく》は万両《まんりやう》の金《こがね》も物の数に非ず。十膳《じふぜん》の王位《わうゐ》も甘従《いかにか》せん。不分《ねた》いかな、猒《いと》ひても猒ふべきは娑婆電泡《しやばでんはう》の栖《すみか》、捨《す》てても捐《す》つべきは弓箭《きゆうせん》の悪縁道《あくえんだう》なり」と観念して、又馳せ廻《まは》りて下知《げち》しけり。

ここに現れる「留目」、「截落」、「擲零」、「岐散」、「押攅」、「甘従」、「不分」といった用字、用語は日本式の漢学に特徴的なものです。香坂宗継に出家の機縁をもたらすこの重要な場面の記述も、日本式の漢学のリテラシーを重要な支えにしています。

また、『大塔物語』は、十三才の常葉八郎と母の動静を哀感を込めて描き出していますが、大塔の古城塞の陥落が迫る17の場面では、八郎の姿が次のように語られています。

彼《か》の八郎は、此の年来《としごろ》、伊賀良《いがら》の庄《しやう》なる浄光寺《じやうくわうじ》梨本坊《なしもとばう》の萃髪《すいはつ》にて有りけるが、凡《およ》そ心操調《しんさうてう》和《わ》にして、水の器《うつは》に隨《したが》ふが如く、剛柔進退《かふにうしんたい》ありて、雲の嵐に聳《そび》くに似たり。芙蓉《ふよう》の眸《まなじり》、柔和《にうわ》の相《さう》を顕《あらは》し、丹菓《たんくわ》の脣《くちびる》、百《もも》の媚《こび》を成す。嬋娟《せんけん》たる粧《よそほ》ひ、窈窕《えうてう》たる容皃《かんばせ》、翡翠《ひすい》の釵《かんざし》、青黛《せいたい》の眉《まゆ》、悉《ことごと》く相調《あひととの》ひて更《さら》に醜《みにく》き所無く、西施《せいし》が顔色《がんしよく》にも恥づる所無し。而《しか》れば、見る人魂《たましひ》を迷《まよ》はし、聞く者心を揺《うご》かす。一寺《いちじ》の寵愛《ちようあい》、衆徒《しゆと》の渇仰《かつがう》、此の事に在り。去んぬる三月中旬の比《ころ》までは、彼《か》の梨本坊に於いて臂《ひぢ》を案上《あんじやう》に腐《くた》し、眼《め》を書窓《しよさう》に曝《さら》し、詩歌管絃《しいかくわんげん》の道を伺《うかが》ふ。太《はなは》だ優《いう》に長《やさ》しき人なりしを、今度《このたび》長秀頻《しき》りに請《こ》ひ下《くだ》して、近習の為に召し具せられけるこそ由無《よしな》けれ。

この記述は、十三才の若さで戦死する七か月前まで寺院の「萃髪」（少童、稚児）であった常葉八郎が学問、芸能、容貌容姿にすぐれていたことを哀惜を込めて語っていますが、ここでも日本式の漢学のリテラシーが大きな支えになっています。表現の原拠になっているのは『新猿楽記』でしょう。『大塔物語』の常葉八郎の表現は、『新猿楽記』の「次妻」の表現「西施に勝れること非ずと雖も、又指したる過失無し。心操調和にして水の器に随ふが如く、剛柔進退ありて、雲の風に聳くが如し」と、「十二の公《きみ》」の表現「其の女の形貌《げうみやう》は、翡翠の釵滑らかにして、嬋娟の粧ひ静かなり。芙蓉の瞼《まなじり》を廻《めぐ》らして一たび咲《ゑ》めば、百の媚を成し、青黛の眉を開きて半ば向かへば、萬《よろづ》の愛を集む。粉《はうに》を着けざれども自ら白く、䞓《べに》を施さざれども自ら赭《あか》し。潤へる脣は丹菓の如く、膏《あぶら》つける膚《はだへ》は白雪に似たり」と、「九郎の小童」の表現「凡《およ》そ百廿条、尽《ことごと》く以て学び畢《をは》んぬ。其の姿美麗にして、衆人愛敬《あいぎやう》す。其の貌《かほ》端正にして、見る者歓喜す。中に就くは、叡岳の諸僧、辺山《へんざん》の行侶《かうりよ》、之を見、之を聞きて、或いは目を迷《まど》はして着裳を飛ばし、或いは肝を砕きて紙衣を振るふと云々」を組み合わせる形で成り立っています。ただ、この類似についても、『大塔物語』の表現者が『新猿楽記』を読んで学んだと捉えなくてもよさそうです。日本式の漢学のリテラシーに、『新猿楽記』を原拠として成り立った小童の表現が溶け込んでいて、それを『大塔物語』の表現者が汲み入れたと考えられます。『新撰遊覚往来』(二月十三日状往信)にも、「然るに、彼の少童、心操調和にして、水の器に随ふが如く、剛柔進退ありて、雲の風に聳くに似たり。嬋娟の粧ひ、翡翠の鈿《かんざし》、芙蓉の眸《まなじり》、青黛の黛、丹菓の脣、白雪の膚《はだへ》、蘭麝《らんじや》の衣、容顔美麗にして諸人に勝れたり」という、『大塔物語』の八郎の表現にたいへんよく似た「少童」の表現が現れます。この酷似についても、一方が一方を典拠にした結果と考える必要はないでしょう。

『大塔物語』を時衆の信仰や活動にかかわる鎮魂の文学と考える観点は重要ですが、そうした宗教性も日本式の漢学のリテラシーを基盤にしていることは見逃せません。

おわりに

これまで、従来の日本文学史でほとんど顧みられることのなかった『大塔物語』という室町時代の真名表記テキストに注目して、この作品が、警世の文学、行装の文学、在地の文学、軍記文学、鎮魂の文学としての多様な特質を具えていることを捉えるとともに、そのすぐれた特質がいずれも日本式の漢学のリテラシーに支えられていることを見てきました。それは、日本式の漢学が、『大塔物語』に限らず、日本の文学史、文化史、学問史にとっていかに重要であるのかを述べたことにもなります。

『大塔物語』には、必ずしも漢文の知に拠らない仮名の歌文の知を支えにした表現もあります。たとえば、27の場面の、常葉八郎の母の道行の表現は、水のイメージを喚起する和歌の措辞を連ねた韻律的な美文になっていますが、そこには「昨日といひ今日とくらして飛鳥川《あすかがは》流れてはやき月日なりけり」(『古今和歌集』巻第七 冬歌 三四一番)、「わびぬれば身をうき草の根をたえてさそふ水あらばいなむとぞ思ふ」(『古今和歌集』巻第十八 雑歌下 九三八番)、「山科の木幡の里に馬はあれどかちよりぞ来る君を思へば」(『拾遺和歌集』巻第十九 雑恋 一二四三番)、「唐衣《からころも》日もゆふぐれになる時はかへすがへすぞ人はこひしき」(『古今和歌集』巻第十一 恋歌一 五一五番)、「立ちわかれいなばの山の峰に生ふる松としきかば今かへりこむ」(『古今和歌集』巻第八 離別歌 三六五番)、「海人《あま》の刈る藻に住む虫の名を聞けどただ我《われ》からのつらきなりけり」(『拾遺和歌集』巻第十五 恋五 九八七番)、「しなのなるちくまのかはのさざれ石の君しふみてば玉とひろはん」(『古今和歌六帖』巻第二 一二六八番)、「わが心なぐさめかねつ更科やをばすて山にてる月を見て」(『古今和歌集』巻第十七 雑歌上 八七八番) 等の和歌に対する知が深く取り込まれています。

ただし、それも、日本式の漢学のリテラシーが基盤にあってのことと考えられます。室町時代に隆盛を迎えた類書の漢学は、世界の底知れぬ豊かさを捉えようとするものです。漢学を基軸としながらもそこにとどまろうとする知ではありません。27の場面の常葉八郎の母の道行の文も、類書の漢学が主導する知の中で生まれたものと考えられます。

世界の内部の形を誠実に捉えようとする吏の漢学と、世界の果てしない広がりと深みを表象しようとする類書の漢学がひとつの大きな系脈として連なった日本式の漢学のリテラシーに注目することは、日本の文学史、文化史、学問史を根源的に見直すことにつながります。そうした意味でも、日本式の漢学のリテラシーが主導した室町時代の知と、そのすぐれた結晶である『大塔物語』を「未来への遺産」としてこれからさらに深く考究して行きたいと思います。そうすることは、『大塔物語』の作者、表現者や、堯深のような書写者、さらには、幕末の成澤寛経、加藤維藩、今井信古、原昌言をはじめとする多くの学芸の受容者、継承者の営為をたいせつに受け継ぐことに外なりません。

【注】

1 『大塔物語』の諸本については、若林秀幸氏の論文「『大塔物語』の諸本に関する基礎的考察」(『文学論藻』第五七号、一九八二年一二月)に詳述されています。若林氏の考察によると、現存伝本は「大塔物語」という書名を持つ「物語」系統と、「大塔軍記」、「信州大塔軍記」、「大塔記」といった書名を持つ「記」系統に大別でき、「物語」系統がより古態をとどめるものと考えられます。本章で取り上げる、今井信古所蔵の古写本を模刻した嘉永四年(一八五一)刊本は、「物語」系統の唯一の現存伝本です。

2 『大塔物語』については、これまで、日本の文学史、文化史における重要性に注目して、佐倉由泰『軍記物語の機構』(汲古書院、二〇一一年二月)第十六章「『大塔物語』の記述を支えるもの」、佐倉由泰「『大塔物語』をめぐる知の系脈」(日本学術振興会科学研究費補助金報告書、二〇一三年三月)、佐倉由泰「文学史、文化史の中の『大塔物語』」(日下力監修、鈴木彰・三澤裕子編『いくさと物語の中世』〈汲古書院、二〇一五年八月〉所収）等の論考で、その記述の特質と意義を考察してきました。本章は、そうした考察を踏まえて、『大塔物語』の特質と意義をあらためて整理して詳説するものです。その際、『大塔物語』の本文は、今井信古所蔵の古写本の模刻本を翻刻した、先述の佐倉由泰「『大塔物語』をめぐる知の系脈」に記載した本文に拠りますが、引用は、紙数の都合により、その訓読文のみを挙げることとします。

また、本章で取り上げる『大塔物語』以外の主な書のテキストは次のとおりです（日本の漢文の本文の引用は、各テキストに記載されている訓読文に拠りますが、表記や読み方を変えているところもあります）。

『将門記』―新編日本古典文学全集（小学館）、『尾張国郡司百姓等解文』―『新修稲沢市史　資料編三　尾張国解文』、『仲文章』―幼学の会編『諸本集成 仲文章注解』（勉誠社）、『新猿楽記』―東洋文庫（平凡社）、『雲州往来』―三保忠夫・三保サト子『雲州往来 享禄本研究と総索引 本文・研究篇』（和泉書院）、『桂川地蔵記』―高橋忠彦・高橋久子・古辞書研究会編『尊経閣文庫本 桂川地蔵記 影印・訳注・索引』（八木書店）、『長倉追罰記』―続群書類従、『壒嚢鈔』―増補古辞書叢刊『壒嚢鈔』（雄松堂書店）、『詩経』―漢詩大系（集英社）、『毛詩註疏』―足利學校秘籍叢刊『毛詩註疏』（足利學校遺蹟圖書館後援會刊・汲古書院発売）、

『色葉字類抄』―『色葉字類抄 研究並びに索引』〈風間書房〉、『古今和歌集』、『拾遺和歌集』―新日本古典文学大系〈岩波書店〉、『古今和歌六帖』―新編国歌大観〈角川書店〉。

3 このことについては、笹本正治氏が、著書『川中島合戦は二つあった 父が子に語る信濃の歴史』〈信濃毎日新聞社、一九九八年一〇月〉で注目し、詳述している。

4 このような日本式の漢学の史的展開については、注1に挙げた論文や、佐倉由泰「リテラシーの動態を捉える文学史は可能か」〈『文学・語学』第二〇〇号、二〇一一年七月〉、佐倉由泰『軍記物語の機構』〈前掲〉第二章「『将門記』の記述を支えるもの」、佐倉由泰「軍記物語の表現史を構想するために―真名表記テキストに着目して―」〈『文学〈隔月刊〉』第一六巻第二号、二〇一五年三月〉、佐倉由泰「真名表記が可能にしたもの―『桂川地蔵記』の考察を起点として―」〈『日本文学』第六三巻第七号、二〇一四年七月〉佐倉由泰「「初期軍記」の枠組みを超えて」〈『日本文学研究ジャーナル』第一一号、二〇一九年九月〉、佐倉由泰「『将門記』を拓く」〈松尾葦江編、軍記物語講座第一巻『武者の世が始まる』〈花鳥社、二〇二〇年一月〉所収〉等で詳しく論じています。

5 列叙の文学、行装の文学については、注4に挙げた佐倉由泰「真名表記が可能にしたもの―『桂川地蔵記』の考察を起点として―」や、佐倉由泰「中世の列叙―世界を表象する知の祝祭―」〈『文学・語学』第二二二号、二〇一八年五月〉、佐倉由泰「動態としての公権―物語との相関をめぐって―」(『日本文学』第六八巻第四号、二〇一九年四月)等で詳しく論じています。

6　岩崎武夫「「大塔物語」と「太平記」―聖の世界と機能について―」(『日本文学』第三一巻第一号、一九八二年一月)等参照。なお、本章の第四節「行装の文学としての『大塔物語』」で注目した、3の場面に登場する芸能者、頓阿弥も時衆と考えられます。

カントの平和の歴史哲学

城戸　淳

3　カントの平和の歴史哲学

城戸　淳

一．はじめに――カントという哲学者

「勝手に世界遺産」というお題を頂戴したのですが、わたしの専門である「哲学」の場合、これといった遺跡や景観もありませんので、なにを未来への遺産として推奨すべきか、なかなか悩ましいところです。

ちなみに東北大学の文学研究科棟は九階建ての校舎でして、わたしたちの哲学研究室はその最上階、九階にあります。一説には、哲学は「天国にいちばん近い」学問だから、最上階に配置されたそうです（あくまで一説です）。きっと、最上階の連中は雲をつかむような、浮き世離れしたことを考えているのだと思われているのでしょう。もちろん、最上階の研究者たちがみな霞《かすみ》を食っているということでもないでしょうが、すくなくともわたしは、そのたぐいの霞食いだと思われているにちがいありません。なんといっても、わたしの専門はカントなのです。

イマヌエル・カント（Immanuel Kant）は、十八世紀のドイツ（プロイセン）の哲学者です。一七二四年にケーニヒスベルクで生まれ、その後ケーニヒスベルク大学の教授となり、一八〇四年その地で亡くなりました。ケーニヒスベルクというのは、十三世紀にドイツ騎士団によって建設された街で、カントの当時はプロイセン王国の東プロイセン州の州都でした。第二次世界大戦でソビエト連邦に併合されて、カリーニングラードというロシア風の名前に改められています。ソ連崩壊後も、不凍港は手放せないということでしょうか、ポーランドとリトアニアにはさまれた飛び地のような形でロシア領にとどまり、ロシアの軍事的な拠点になっています。

図　カリーニングラード大学（現・バルト連邦大学）前のカント像

哲学者としてのカントは、なんといっても、認識論や形而上学にかかわる『純粋理性批判』（一七八一／八七年）、行為や道徳にかかわる『実践理性批判』（一七八八年）、美学と目的論をあつかう『判断力批判』（一七九〇年）という三批判書が有名です。やたらと難解なドイツ語で書かれた、じつに分厚い三冊なので、最近では哲学専攻の学生諸君でさえも敬遠していますす。そのほかにもカントは、科学基礎論、人間学、歴史哲学、法と政治の哲学、宗教哲学、地理学、大学論、教育学など、じつに多彩な領域にわたって、縦横無尽に論じました。わたしはそんなカントの全集を二十数年にわたって読んできたのです。そのなかから、なにか未来への遺産にふさわしいものはないかと考えまして、ここでは「カントの平和の歴史哲学」というタイトルを掲げさせていただきました。

ちなみに、このテーマにかかわりのある実践哲学（倫理学）の分野でいえば、カントは「定言命法」を柱とする義務論者として知られています。道徳的な義務は命令（命法）であり、しかも損得勘定や義理人情をいっさい考慮せず絶対的に（定言的に）服従を要求する（すなわち定言命法である）、というのがカントの言い分です。論文『人間愛から嘘をつく権利の虚妄』（一七九七年）から一例をあげましょう。人殺しに追われる友人を匿《かくま》っているとき、人殺しが友人はこの家にいるかと尋ねたとしましょう。ふつうは友人を思いやって、知らないとでも嘘をつきますよね。しかしそのような場合でも、嘘をついてはならないのだ、とカントは言い切るのです。これはいかにも人の情けを弁えない世間知らずの哲学者の考え方であると、今日まで悪評が絶えません。まさしく最上階にふさわしい倫理学説であるというわけです。

もしかしたらみなさんは、本章のタイトルの「カント」を見て、しかも「平和」とくれば、きっと浮き世離れした道学者めいた話にちがいないと決めこんでおられるかもしれません。たしかにそういう一面があることは否めませんが、わたしとしてはこの機会にできれば、カントには違う側面もあることを知っていただきたいと思います。カントは、人間観察に長けたリアリストであり、歴史の逆説を見ぬく世界観察者でした。それどころか、いささか人間に対して冷笑的で、露悪趣味めいたところさえあります。ここでは、そういうカント像にすこし触れていただければと願っています。

二．『永遠平和のために』

（一）「永遠平和のために」という看板

さて、本章のタイトルの説明を続ければ、「カント」のつぎは「平和」ですね。平和はカントの長年の課題でしたが、カントはかなり晩年になってから、『永遠平和のために（Zum ewigen Frieden）』（一七九五年）というパンフレットのような薄い本を書いています。さきほどの三批判書とちがって、わりあいに短く、読みやすいものですし、文庫本でも出ていますので、ぜひ手にとって、目を通してみることをお勧めします。

まず、この『永遠平和のために』はタイトルがじつに秀逸です。冒頭でカントは次のように説明しています。「オランダのある宿屋の看板には、墓地の絵のうえに「永遠の平和のために」という風刺的な銘が刻まれていた」。当時の墓地には、「永遠《とわ》に安らかなれ」という意味で、この銘文の看板が掲げられることがありました。それをホテル（たいていは食堂が一階にあります）の看板につかったら、どうでしょうか。おそらく、どうぞ当館でたらふく食って飲んで、「ぐっすりお休みください」という、頓智の効いた宣伝になるでしょう。墓地は永眠を、宿屋は安眠を約束するわけですね。

それをカントは自分の平和論の題名に選びました。しかもカントは、この決まり文句を一字一句まで馬鹿正直に読んで、「永遠の平和のために」という意味に受けとります。「～のために（zu）」というのは、「～へ向かって」の提言とか計画という意味だと読むことができます。この書の副題は「ひとつの哲学的構想」とされていますが、これは永遠平和へ向かうための哲学的構想だという意味です。

「永遠の」というのも飾りではありません。そもそもカントにいわせれば、平和とは一時的なものではありえません。第一予備条項を引いておきましょう。

> 一、将来の戦争のための種をひそかに含んで締結された平和条約は、そもそも平和条約と見なしてはならない。

当時のヨーロッパではしばしば見られたことなのですが、戦争のあとに結ばれる平和条約というのは、たいていは、どちらの国も内心では不満があって、国力のバランスや周辺国の状況が変われば、またなにか口実を見つけて、あらたに戦争をしかけるつもりなのです。そのような状態は、戦争の一時停止としての休戦状態にすぎず、敵対的な状態の延長であるとカントは見なします。列強のパワー・バランスのうえにかろうじて成り立っている無戦争の状態を、カントは平和とは見なさないのです。カントによれば、平和とは「すべての敵意の終結」を意味します。そうだとすれば、いったん平和になれば、相互に敵意がないわけですから、それは永続するはずでしょう。永続しない平和というのは、相互に敵意をいだきつつ、つぎの戦争に備えている戦争準備期間なのです。

以上のようにして、『永遠平和のために』というタイトルは、恒久的に持続する、敵意のない平和の状態を実現することへ向けたひとつの哲学的な構想、という意味になるわけです。

（二）六つの予備条項と三つの確定条項

『永遠平和のために』は、当時の条約を模倣した形式で書かれていて、永遠平和のための六つの予備条項、三つの確定条項、二つの追加条項を含み、そのあとに付録が続きます。ここでは予備条項と確定条項だけ、ごくごく簡単にご紹介しましょう。こまかい話がご面倒なら、つぎの三つの段落を素通りして、国際連盟が出てくるところまで読み飛ばしてもらっても大丈夫です。

予備条項とは永遠平和を準備するための条項ですが、その第一の予備条項はさきほどの平和条約の規定です。第二予備条項では、ほかの国家を買収や相続などで所有することが禁止されます。第三予備条項は、常備軍を将来的に全廃することを謳っています。第四予備条項では、いわゆる戦争国債の発行が禁止されます。第五予備条項は、暴力的な内政干渉を禁じます。第六予備条項は、将来の不信の招くような敵対行為（スパイ、暗殺、扇動など）の禁止を定めています。ここまでで、永遠平和のための前提条件を列挙したことになります。

つづいて永遠平和を実現する三つの確定条項が来ます。あらためて確認するなら、平和とはたんに戦争のない状態ではありません。カントによれば、人間はいわゆる「自然状態」においては、いつ戦争をしかけられるかわからない状態にあり、つねに敵対的行為の脅威に曝されています。それだから、たとえ実際に戦闘がないにせよ、それは潜在的には戦争状態と同じことです。平和は、おたがいに平和的であることを相互に保証しあって、はじめて平和なのです。このような相互保証の契約をつくりだすためには、「自然状態」から「法的状態」へと移行せねばなりません。そしてこの法的な平和状態を、国内法、国際法、世界市民法という三つの次元に分けて示したものが、三つの確定条項ということになるのです。

第一確定条項では、国家体制は「共和制」に限ると定められます。共和制は「専制」の反対で、立法と行政の分離によって定義されます。ひろい意味でいえば、今日のリベラルな民主主義国家のような体制のことだと考えもらって結構です。

つぎに、このように国家が共和的に統治されたとしても、国家間の関係はあいかわらず自然状態のままで、無法国家どうしの戦争が絶えません。そこで第二確定条項では、諸国家の連合に基づく国際法が導入されます。諸国家が相互に平和を保証しあって、国際法の支配下に入ることで、「平和連盟」としての「国際連盟」が成立することになります。

最後の第三確定条項では、世界市民法の見地から「訪問の権利」が認められます。グローバルな「普遍的な友好」を実現するためには、各国民は、世界市民の資格において、他国を訪問するさいに敵として扱われない権利を有することが不可欠だとカントは言うのです。

このような『永遠平和のために』の構想は、現代でも絶大なインパクトをもっています。とりわけ、諸国家の自由な連合を謳う第二確定条項は、第一世界大戦後の「国際連盟」や、第二次世界大戦後の「国際連合」の思想的な基礎を与えましたし、その精神は今日のＥＵ（欧州連合）にも受け継がれています。

もちろん現実はカントの考えるとおりではありません。たとえば国際連合（国連）は、自由な国家連合というよりも、第二次世界大戦の戦勝国（常任理事国）による寡頭的な世界支配体制という側面がありますし、いずれにせよ国際的な平和の保証にはほど遠いものです。とはいえ、われわれはカントのいう国際連盟と、現実の国連とを比較してみることで、解決すべき政治的課題を見出すことができるでしょう。そのような比較のための参照軸としても、カントの平和論は読むことができます。

三、『世界市民という見地からの普遍的歴史の理念』の歴史哲学

(一) 歴史哲学と「歴史」

とはいえここでは、『永遠平和のために』を現代の政治的なコンテクストのなかで読み解こうというのではありません。もちろん、それはそれで重要な課題なのですが、今回はむしろ別の読み方を試みたいと思います。というのも『永遠平和のために』は、かなり技術的で具体的な政策を列挙するような書き方になっていて、それがいわば煙幕になって、カントの平和論の思想的な奥行きが見えにくくなっているのです。そもそも永遠平和は人類史上、これまで一度も実現したことのない状態です。おそらく残念ながら、どんな政治的な技術を駆使しても、今後とも永遠に達成されない課題であることでしょう。それでは永遠平和という思想に、いったいなんの意味があるのでしょうか。永遠平和というユートピアは、人類にとっていかなる意義をもつのでしょうか。

そのことを考えてみるために、ここでは歴史哲学の角度から迫ってみたいと思います。そうですね、本章のタイトルにある「歴史哲学」です。歴史哲学という言い方は、フランスのヴォルテールに遡るそうですが、カントの同時代のドイツでも、たとえばヘルダーが使っていました。それにし

ても、歴史の哲学、つまり歴史を哲学的に考えるというのは、どういうことなのでしょうか。きっとみなさんは、歴史というのは日本史の専門家が古文書を読み解いて研究したり、小説家が戦国時代の歴史小説を書いたり、ときには市井の人でも自分史を書いて子孫に伝えたりするようなものだとお考えのことと思います。その意味では歴史とは、なにか哲学的に難しく沈思黙考するようなものではありません。どうして歴史哲学というような言い回しが出てきたのでしょうか。

ここですこしドイツ語の蘊蓄話をはさんでおきましょう（なお、ドイツ語のことは面倒だというかたは、ここから二つの段落は読み飛ばしてもらってもかまいません）。「歴史」ということを表わす言葉は、ドイツ語では二つあって、ひとつはゲシヒテ（Geschichte）で、もうひとつはヒストーリエ（Historie）といいます。後者のヒストーリエというのは、英語のヒストリーと同じですね。ヒストリーはストーリー（物語り）と語源的に共通する言葉で、どちらもギリシア語に由来します。ストーリーと同根ですから、ヒストリーはもともと歴史物語、あるいは物語られた歴史という意味です。ドイツでは歴史というとき、古くはこのヒストーリエという言葉のほうが広く使われていました。

ところがカントの時代には、ヒストーリエのかわりに、ゲシヒテのほうが多く使われるようになります。ゲシヒテというのは、ゲシェーエン（geschehen 起こる）という動詞に由来する名詞でありまして、字義どおりにいえば起きた出来事の系列のことです。おもしろいことに、もともとはゲシヒテ（Geschichte）の最後の e は複数形を表わすものでした（この e は英語の複数形の s に相当します）。それだから、ゲシヒテというのも、出来事の複数のさまざまな系列を意味していたわけですね。これが十八世紀になると、単数形の総称としてのゲシヒテという言い方が出来てきます。この単数の歴史というのは、さまざまに物語られる歴史ではなく、さまざまな歴史を束ねてできた、人類が共通にたどってきた一つの歴史という意味になるわけです。そして、この意味での歴史は、哲学的な考察によって構築されるものにほかなりません。

（二）『普遍史の理念』

カントはすでに、『永遠平和のために』の十年以上まえになる一七八四年に、『世界市民という見地からの普遍的歴史の理念』という論文を書いています。この論文はカントの歴史哲学の要綱のようなもので、九つの命題から成っています。それぞれの命題は、最初に命題そのものが来て、そのあとに解説が続くというかたちです。読みやすいものなので、これも手にとって読むことをお勧めします。ちなみに論文のタイトルはドイツ語では、Idee zu einer allgemeinen Geschichte in weltbürgerlicher Absicht といいます。あいだにゲシヒテという単語がありますね。しかもだめ押しするように、「普遍的」と限定されています。普遍的歴史、みじかくいえば普遍史です。以下では、この論文は『普遍史の理念』と称することにしましょう。

歴史というのは、特定の民族とか国家に着目して見ると、ふつうの意味での歴史、カントの言い方では「もっぱら経験的に編まれる本来の歴史《ヒストーリエ》」になります。そのような個別的な歴史は千差万別、ひとつとして同じものはありませんし、一定の法則を見出すことも難しいように思われます。それだからこそ、歴史はいつも意外性に富んで、飽きさせないわけです。ところが、人類を全体として見た「普遍的な歴史」、つまり普遍史ならば、どうでしょうか。『普遍史の理念』の序文で、カントはつぎのように提案しています。

哲学者にできるのは、……人間にかかわる事柄に見られる不条理な道筋のなかに、ある自然の意図を発見することができるのか、固有の計画にそって行動しない人間という被造物についても、その自然の意図に基づいて、やはり自然の特定の計画にそった歴史が可能であるのか、試してみることである。——この論文では、そのような歴史を考えるための導きの糸を見出すことに成功するかどうか、調べてみたい。

全体としての人類には、人類がみずから案出した「固有の計画」とか、その計画に基づいた進歩のようなものは見当たらないように思われます（たとえば「千年王国」のような終末論を考えた人たちもいましたが、実現しませんでした）。カントのここでの提案は、人類には知られざる「自然の意図」のようなものがあると試みに想定してみて、それを「導きの糸」にしたら「普遍史」を構想することができるのではないか、ということです。もちろん、そういう歴史は、哲学者の案出に基づくものですから、歴史家が調べた現実というより、ひとつの「理念」とでもいうべきものです。それだから、論文のタイトルに普遍史の「理念」とあるわけですね。あるいは、哲学的な考え方に基づく歴史だという点では、これは「哲学的歴史」ともいえます。じつはカントは「歴史哲学」という表現はしないのですが、そのかわりに「哲学的歴史」といっています。

(三) 歴史のコペルニクス的転回

さて、みなさんのなかには、物事の見方を逆転させるようなときに、「コペルニクス的転回」という言い方をするのを聞いたことがあるかたがいるでしょう。これはもともとカントの『純粋理性批判』の第二版序文に由来する喩えです。カントは、認識が対象に従うという旧来の認識論をひっくり返して、対象が認識に従うのだと主張したのです。これをコペルニクスにおける天動説から地動説への転回に擬《なぞら》えたのが、コペルニクス的転回です。この言い回しは長いので、わたしは授業では「コペ転」と短くしています。「カントのコペ転によれば……」という感じですね。なにかと思って学生が顔をあげるのが、毎度の見ものです。そのいつもの調子でいうとすれば、カントのコペ転の認識論とは、認識する主体の感覚の形式や考え方に応じて、対象の現われ方が決まるということです。これは今日まで影響力をもつカント哲学のメッセージのひとつです。

自然の意図を手がかりにした普遍史の理念というのは、まさに歴史のコペ転といえるものです。ふつうは、過去の出来事を忠実に物語るのが歴史であり、歴史は出来事に従うと思いますよね。たしかに、「もっぱら経験的に編まれる本来の歴史《ヒストーリエ》」はそれでよいのですが、カントのコペ転にいわせれば、ゲシヒテあるいは普遍史はそうではありません。普遍史の理念を考えるというのは、喩えるなら、幾何学の証明問題を解くときに、どのような補助線を引けばうまく解けるだろうか、と考えるような作業です。混沌と不条理に満ちた出来事の集まりに、どのような自然の意図を補助線として想定すれば、うまく人類の普遍的歴史の図柄を浮かび上がらせることができるのか、哲学者はあれこれとアイデアを思い浮かべるわけです。そのアイデアにしたがって、普遍史が現われてくるのです。

そして、カントの提案するアイデアは、論文のタイトルにある「世界市民という見地から」というものです。ひとびとが世界市民《コスモポリタン》という資格においてグローバルに共生しうる状態を実現するという自然の意図を想定して、その見地からふり返って人類史を考えてみよう、そして未来の人類史の行方を構想してみよう、そうカントは提案するわけです。

(四) 歴史の主体化

これは歴史を主体化するものだともいえます。ひとは人間以外のものについては客観的に歴史を考えることができます。たとえば、キリンの首の進化とか、なかなか難しい課題のようですが、ともかく客観的な対象として研究するわけです。しかしヒトがヒトじしんの歴史、人類史を考えるときには、そうはいきません。ある人類史の流れとか方向とかが発見されれば、ひとはみずからその流れにそって歴史を実現しようとします。たとえば一昔前だと、唯物史観（唯物論的歴史観）という一種の哲学的歴史に基づいて、将来に共産主義社会を展望して、それを革命的に達成しようと運動していた人々がいました。カントの哲学的歴史もまた、客観的に価値中立的なものではなく、実践的な関心によって支配されたものです。『普遍史の理念』の最後の第九命題は、つぎのように述べています。

> 自然の計画は、人類における完全な市民的連合をめざしている。この計画にそって普遍的な世界史を書こうとする哲学的な試みは、可能であり、かつそれ自身としてこの自然の意図を促進するものであると見なさなければならない。

カントの哲学的歴史は、たんなる「世界観察者」としての歴史記述の試みなのではありません。

むしろ、哲学的歴史を試みる哲学者じしんも、ここではひとりの「世界市民」として、世界的な市民的連合を実現する自然の意図に荷担し、それを内側から促進しようと運動しているのです。

さて、それでは第九命題のいう「人類における完全な市民的連合」は、どのような仕組みで成り立つのでしょうか。『普遍史の理念』の論述を遡って見れば、それが第五命題の「普遍的に法を司る市民社会」に、そして第七命題において「合法則的な対外的な国家関係」として導入される「国際連盟」に、立脚して成り立つものだということがわかります。

ここで『永遠平和のために』を思い出してください。永遠平和は、「共和的な国家」(第一確定条項)の自由な結合による「国際連盟」(第二確定条項)、そして世界市民の「普遍的な友好」(第三確定条項)によって実現するのでした。こうして比較すると、『普遍史の理念』の第九命題における人類的な市民連合という考え方が、十年あまりを経て、より明確に定式化されて、『永遠平和のために』の三つの確定条項に展開したのだということが見てとれるでしょう。すこし詳しく見れば、法的な市民社会が「共和制」として限定されたこと、市民的連合が「国際連盟」と「普遍的な友好」という二つの次元の事柄として区分けされたことがわかります。

そういうわけなので、「人類における完全な市民的連合」をめざす自然の計画の達成は、つまるところ、後年の課題に即していいかえれば、永遠平和の実現であるということがわかります。そうだとすれば、その自然の計画にそった普遍的な世界史の「哲学的な試み」は、まさしく永遠平和を実現するための思想的実践であることになるでしょう。その意味ではカントは一貫して、哲学者の顔をした平和運動家だったとさえいえるのです。

四．非社交的社交性と法的な市民社会

(一) 人間の自然素質と人類

それでは、カントはこの永遠平和にむかう歴史をどのように構想していたのでしょうか。最後は人類的な市民的連合が達成されて、永遠平和が実現するというわけですが、そこに到るまでには、どのような「普遍的な世界史」の道筋を考えればよいのでしょうか。

さきほどいったように、『普遍史の理念』は九つの命題（とその解説）から成ります。最初から辿りなおしてみましょう。第一命題では「自然素質」が導入されます。たとえば、馬は速く走るという自然素質があって、怪我なく成長すれば、その素質を実現できるでしょう。被造物の自然素質はなんらかのしかたで完全に展開されるはずだというのが、第一命題の想定です。

つぎの問いは、それでは人間に固有の自然素質とは何か、ということでしょう。これについては、すでにアリストテレス以来、人間の自然素質は「理性」だと考えられています。しかし、ひとりの短い人生のなかで理性の使用の可能性を完全に汲み尽くすことは、おそらく不可能です。ヒポ

クラテスの箴言とされるものに、「医術は長く、人生は短い（Ars longa, vita brevis）」というのがありますね。理性による医術や科学の発展には、じつに長い時間がかかり、ひとりの人生はあまりにも短すぎるというのです。それだから、一般に学問や芸術に即した理性使用の開発は、世代をこえてバトンを受け継ぎ、人類として担ってゆくほかありません。

こうして第二命題は、「……人間において、その理性の使用をめざす自然素質が完全に展開するのは、個人においてではなく、人類という類においてである」と主張するのです。

（二）敵対＝非社交的社交性

もちろん、この理性という自然素質はおのずから展開してゆくわけではありません。子供を自由放任にしておいて、かってに勉強してくれるわけではないのと同じことです。なにか勉強させるための刺激が必要ですよね。それでは、人間の理性に効く刺激は何でしょうか。第四命題を引いておきましょう。カントの意地悪な人間観察がよくわかる命題です。

自然のあらゆる素質を実現するために自然がもちいる手段は、社会における自然素質の敵対（Antagonism）である。ただしそれは、敵対がやはり最後には合法則的な秩序の原因となるかぎりでのことである。

「敵対」とは穏やかではないですね。カントの念頭にあるのは、人間の「非社交的社交性」のことです。舌を噛みそうな言い方ですが、この「社交」というのは、英語でいえば society のことで、社会とも交際、社交とも訳せます。一方では人間には、社会をつくって、そこで仲間と交わっていたいという社会性の素質があります。しかし他方、人間にはこの社会のなかで孤立したい、オンリー・ワンになりたい、という非社会性の素質もあるのです。人間というのは寂しがり屋で、我儘なのですね。仲間がほしいけど、その仲間のなかで特別でありたい。みんなそう思って、肩を寄せあいながら、意地を張りあっているわけです。

人間の本性をどう見るかによって、自然状態の構想が変わってきます。たとえば、イギリスの哲学者ホッブズ（Thomas Hobbes, 1588 ~ 1679）は、人間は自己保存の暗い情念に突き動かされた動物機械であると見ました。ですから、ホッブズの自然状態は、限られた資源を戦争によって奪いあう状態、いわゆる「万人に対する万人の戦争」ということになります。あるいはフランスの哲学者ルソー（Jean-Jacques Rousseau, 1712 ~ 1778）は、原初における人間は自己愛と憐憫の情に自然に導かれていたと考えました。このルソーの自然状態では、人間はあたかもオランウータンのように孤立しつつ平和に生きていて、ときどきすれ違って挨拶したり、恋に落ちたりするわけです。

こうして見ると、カントの「非社交的社交性」はなかなかうまい折衷案になっていて、人間の実相に近いように思われます。カントは、人間は生得的に群棲する社会動物だと考えますが、たしかにその社交性には、ルソー式の自然な憐憫の情を認めてもよいのです。しかし人間の場合、自己愛の箍《たが》が外れていますので、拡大しきった自己愛はホッブズ式の自己保存のエゴイズムになってしまいます。こうして非社会的な利己性が、社交性の情念に拮抗する力として働くことになります。こういうふうに、いわばS極とN極が混在するように、相互に牽引しあいながら反撥しあうというのが、カントの考える人間の自然状態なのです。そして、つぎの第四命題での一節が示すように、カントの見るところ、人間のこのアンビバレントな気持ちが成長の活力剤になります。

この〔他人に対する非社交的な〕抵抗こそが、人間のあらゆる力を呼び覚ますものである。この抵抗によって人間は、怠惰に陥りがちな人間の傾向を克服して、功名心や支配欲や所有欲に突き動かされて、仲間うちでひとかどの地位を獲得するように駆り立てられる。人間にとってこの仲間は、一緒にいるのは我慢ならないが、また放っておくこともできないものである。粗野な状態から文化へと進むための真の第一歩が、ここに始まる。

ホッブズの自然状態のように戦争ばかりしていたら、社会は貧しく悲惨な状態にとどまるでしょう。あるいは、ルソーのえがくようなオランウータン式の自然状態では、みんな怠惰な幸福をいつまでも牧歌的に満喫しているだけでしょう。人間を文化的な開化へと駆動するのは、社会のなかで人を踏みつけて威張りたいという虚栄心であり、ほかの人の成功に歯嚙みする嫉妬心なのです。そういう邪《よこしま》な情欲が、社会内での競争をつうじて、文化へと逆転して現われるというわけです。歴史はこのような反対への転化によって進むのです。これは「弁証法的」ともいえる、なかなか味わい深い観察だと思います。

(三) 法的な市民社会

ここでさきほどの第四命題をもういちど読みなおしてみましょう。「ただしそれは、敵対がやはり最後には合法則的な秩序の原因となるかぎりでのことである」という但し書きがついていますね。「合法則的な秩序」というのは、すでに第五命題として紹介した「普遍的に法を司る市民社会」のことです。『永遠平和のために』でいえば、第一確定条項に相当するものです。それではいったい、どのようにして敵対が法的秩序に転化するのでしょうか。

カントの見るところ、利己的な人間は、どこまでも放縦で我が儘な自由を求めますから、いずれほかの人と衝突してしまいます。敵対する者どうしが自由にふるまうと、たがいの自由をいちじるしく制限しあうことになります。これは交通ルールのようなものを考えればよいでしょう。みんなが好き勝手に自動車を走らせると、いたるところで事故が多発しますから、結局みんな、あまり車の通らないところで、びくびくしながら運転するしかなくなります。どこでも自由に運転するには、いやいやながらでも、厳密な交通ルールでたがいを拘束しあったほうがよいのです。そのルールの檻のなかでこそ、各人がみずからの自由を存分に発揮できるようになるわけです。

こうしてひとびとは、できるだけ自分の自由を貫きたいという我が儘な気持ちに突き動かされて、公法に基づく市民社会の状態へと入ることになります。この社会は、「その構成員がどこでも敵対しながらも、やはり各人の自由が他人の自由と両立しうるように、この自由の限界をきわめて厳格に規定し保証する社会」(第五命題)であるといわれます。自然は人間本性のなかにエゴイズムや敵対といった悪い素質を仕込んでおいたわけですが、それはいずれ社会の法的な秩序へと結実するようにうまく案配してあったのです。

そして、このように法的な檻で区切られた社会でこそ、各人はおのれの才覚や個性を存分に発揮することができるのです。カントの喩えでいえば、木は、広いところで自由に育つと湾曲したり枝分かれしたりしますが、森のなかでは、まわりの木よりも光を浴びようと競争して、まっすぐ立派な木に成長するようなものです。この比喩では、木は横に倒れかかったりしてほかの木を邪魔するのではなく、まっすぐ上に伸びることでほかの木よりも光を浴びようとします。つまり、利己的な欲望があくまで法秩序の規矩のなかで発揮されるというところが、大切な点です。

(四) 支配者の問題

このような社会秩序の構築は、本質的には、ホッブズ式の社会契約論と同じような段取りです。ですから、やはりホッブズの場合と同じく、支配者（リヴァイアサン）の問題は避けられません。第六命題は、これを「もっとも困難な課題」であると指摘しています。

みんなで法を遵守することを契約しても、そのなかで自分だけ例外的に法を破ることができれば、いちばん得ですよね。みんなが交通ルールを守るなら、それをあてにして自分だけは信号も速度も守らなくても、安全・快適に暴走することができます。といって、みんなが交通ルールを無視しはじめれば、また元の木阿弥です。ですから、そういう自分勝手な違反者を処罰するための支配者がどうしても必要なのです。

ところがここで問題は、支配者である王様や君主が法を犯したらどうなるのか、ということです。支配者が清廉潔白の義人であればよいですが、やはり人間ですから、きっと腐敗して、身贔屓なしかたで法を犯すにちがいありません（為政者の腐敗は古今東西、歴史が教えるとおりです）。しかし、支配者の違法行為を罰するためには、さらに上級の支配者が必要となりますし、この上級の支配者が法を犯したらと考えると、これはもう切りがありません。

この支配者の問題を完全に解決するのは現状では不可能だと、カントは認めます。第六命題でのカントの嘆き節をひくなら、「人間を形作る木材はひどくねじ曲がっているので、そこから申し分なく真っ直ぐなものを制作することはできない」。現状では人間は、自分が損をしないためという損得勘定だけで法に従っています。ドライバーは、警察に捕まりたくないという恐怖心で交通法規を守っています。こういう考え方だと、損をしないと見通せるときは法を犯してもよいということになります。支配者はなにをしても処罰されないと確信しているわけですから、どうしようもありません。

法を遵守するのはそれがまさに法であるからだという考え方の段階に入らなければ、支配者の問題は解決することができないのです。法をそれ自身として尊重する態度、これが最初に言及したカントの義務論の本質です。そういう道徳的な段階は歴史の遠い未来にしかない、とカントは考えるのです。この点については、すぐあとで触れましょう。

五. 戦争から国際連盟へ

(一) 国際連盟と世界共和国

こうして国内的には、為政者の腐敗に悩みながらも、なんとか法的な秩序を保った国家を実現しても、やはり対外的には国と国とがたがいに放縦な自由を発揮しあって、非社交的に敵対して、いがみあい、争います。こうして人類はおそらく先史時代から続く、長い長い戦争の時代を経ることになります。すくなくとも有史以来、人類は、軍備のための貧窮、夥しい戦死者、国土の荒廃、国家の転覆など、さまざまな戦争の悲惨を経験し、記録してきましたし、まさにカントの時代もヨーロッパはそういう戦争の時代でした。

ここでカントの歴史哲学は未来にむけて語りはじめます。第七命題は、人類は戦争の悲惨を何世紀も何十世紀も体験したあとに、ついに「合法則的な対外的な国家関係」に入り、「国際連盟」を形成することを余儀なくされるだろうと述べます。もはや国家には、国際連盟のもとでの国際法と統一権力にたよって安寧を確保するほかに、生存の道がないことを認めざるをえないのです。こうして、第五命題における諸個人による法的な市民社会の形成と同じことが、こんどは国家どうしの場合にも起きることになります。『永遠平和のために』の第二確定条項は、このようにして締結されるのです。

カントのいう国際連盟が、国家どうしの善意や友愛によって成り立つわけではないことを、ここで再確認しておきましょう。むしろ、国益のエゴイズムと国家間の敵対を基礎として、国際連盟は存立するのです。はなはだ遺憾ながら、善意や友愛はときとして儚《はかな》いものです。人間本性にふかく根ざした利己性と非社交性の素質こそが、確固たる国際的な法秩序を基礎づけることができるのです。わたしたちはここにも、カントの皮肉にみちた弁証法的な洞察を垣間見ることができるように思われます。

さて、『普遍史の理念』の第八命題では、諸国家による国際連盟のその先に、これはもっと遠い未来のことですが、「大国家組織」、つまり統一的な権力を有する世界政府が構想されています。これは壮大な構想ですが、とはいえ論理的には当然の帰結です。諸個人が結合して国家をつくるように、諸国家が結合すれば国際国家へと収斂することになるはずですし、そうでなければ国際法は裁判と処罰をともなう公法として機能しません。

ところが興味ぶかいことに、『永遠平和のために』ではカントはこの構想を拒否します。そこでのカントの言い分では、人類は「ひとつの世界共和国という積極的理念」を追い求めるのではなく、「戦争を防止する……連盟という消極的代用物」で我慢するべきなのです。一般論としてはたしかに世界共和国は正しいけれども、やはり具体論としては既存の国家を廃棄してまで実現するのは難しいというのです（第二確定条項）。十年あまりを経て、なぜカントは世界国家から国際連盟へと立場をかえたのでしょうか。これは日和見的な妥協と後退なのでしょうか、それとも文化的な多様性を重んずるロマン主義的な立場の先駆けなのでしょうか。今日でも、カント研究者たちの見解は分かれています。

(二) 支配者の問題、ふたたび

この論点について、わたしがここで指摘しておきたいと思うのは、さきほどの支配者の問題です。世界国家ができれば、その国家元首となる支配者ができるはずです。たとえば、その支配者がある強力な国家であるとしましょう。その国家が世界支配の特権を盾に国際法を恣意的に運用し、腐敗と専横をきわめるのは目に見えています。しかし、ともかく世界の支配権をその国家に委ねた以上、打つ手がありません。カントは抵抗権や革命権を認めませんから、いざとなれば徒党を組んで世界国家を転覆するというわけにもいきません。革命の問題もなかなか興味ぶかい論点なのですが、いまは先を急ぎましょう。

こういう腐敗した世界政府に対しては、おそらく既存の諸国家は、世界政府の支配権は認めておいて、面従腹背、できるだけ自国には害が及ばないようにそれぞれ独自に策を講じることになるでしょう。「上に政策あれば、下に対策あり」というわけですね。こうして「魂のない専制政治は、善への萌芽を根絶やしにしたあげく、ついには無政府状態へと陥る」とカントは予言します（第一補説）。支配者の問題は、世界政府という規模にまで拡大した場合には致命傷になるのです。

これに対して「国際連盟」は、支配者のいない連合の体制です。対等な立場での条約によって、相互を拘束することによって成り立っている体制です。たしかに、自分に有利なように抜け目なく脱法の機会を覗っているような連中ばかりでも、支配者が有能であれば国は成り立ちます。しかし国際的な連合のアソシエーションの場合は、それぞれが条約を尊重し、連合の事実を評価し、積極的に維持しなければ成り立ちません。この連合には警察や司法がありませんから、かなり不安定な体制ですが、しかしすくなくとも「魂のない専制政治」ではありません。この意味では、たんなる連合のほうが道徳的な国際秩序にふさわしいといえます。

六．歴史の三段階

(一) 文化、文明、道徳

さて、カントの平和の歴史哲学にさらに踏みこむために、ここで新たに、文化、文明、道徳という三段階を導入したいと思います。カントはこの三段階を、みずからの歴史哲学の基本的な枠組みとして、さまざまな箇所で定式化しています。ここでは、この三段階を補助線にして、平和の歴史哲学の三段階を整理しようと思います。まず、三段階説の大枠を説明するために、第七命題の一節を引いておきましょう。

われわれは技術と学問によって高度に文化的に開化している（kultiviert）。さまざまな社交的な礼節や上品さにおいて、煩わしいまでに文明化されている（zivilisiert）。しかし、すでに道徳化されている（moralisiert）と見なすためには、まだ多くのことが欠けている。

すこし紛らわしいのは、「文化（Kultur）」と「文明（Zivilisation）」が現在の用法とは異なることですね。英語でいえば、文化がculture で、文明がcivilization ですが、いまでは文化のほうが宗教や言語などに関わるもので、文明のほうが技術や経済に関わることが多いかもしれません。当時のドイツ語では逆になっていますので、要注意です。

カントのいう「文化」は、科学技術を含む広い意味での技芸や学問に基づいて、ものを扱う能力に熟達することです。人間は理性を用いて、鉄を鋳たり、灌漑を整えたり、家を建てたりしますが、これが粗野な状態から人間が抜け出す歴史の第一歩になります。ちなみに農業は agriculture といいますが、これは土地（ager）を開化すること、土地の文化ですね。こうした文化的な開化によって、人口が増え、経済が豊かになると、国家が形成され、専制的な支配が始まります。この段階では、ひとびとはもっぱら刑罰の恐怖によって法に従っています。

つぎの「文明」ですが、社会や国家ができると、ひとはそのなかで社交的に立ち回って、自分の幸福を最大化しようとします。市民として公法を遵守し、上品な礼儀作法を守り、コミュニケーションの技術や説得の手練手管などを学んで、立身出世をめざすわけです。英語で「市民的な」は civil という形容詞ですが、この civil 的な熟練、実用的な賢明さを体得することが civilization であって、これが歴史の第二段階になります。カントの見るところ、現代はこの段階にあります。現在の文明的段階では、法律に従い、道徳的にふるまうのは、もっぱら世間体と評判のためです。

こうして文化的な素養を身につけ、文明的な世渡りの才覚に長けていても、ひとは「道徳」という段階に達するわけではありません。文化と文明は総じて「啓蒙」と呼ぶことができますが、近代的な啓蒙の過程によって、道徳性が構成されるわけではないのです。定言的に命令してくる道徳法則を尊敬し、その尊敬を動機として義務的に行為するような第三の道徳的段階に達するには、まだ多くの旅程があり、その到達は遠い未来のことなのです。

(二) 文化・文明から道徳へ

さて、文化から文明への進展は、いわゆる「衣食足りて礼節を知る」という話なので、なんとなく理解できると思います。しかし文明から道徳への移行は、謎めいていますね。カントの見るところ、人間はねじ曲がった木材なので、どうやってもまともな道徳性は身につきません。いくら道徳法則を教えても、道徳の見せかけが上手くなって、虚飾と偽善が洗練されるだけのことです。文化・文明の啓蒙から道徳が生成するという法則性は、人間にはまったく期待できないのです。カントは、道徳的に善い考え方への変化を「革命」に喩えています。改革ならともかく革命は国家転覆ですから、革命を律する法律などありえません。それと同様に、道徳的な内面の革命を成就するためのハウ・ツーの方法はないのです。

しかしここが大切な点なのですが、われわれには道徳の希望はここにしかありません。放縦と粗野に流れたままだと、道徳の素質は永遠に眠ったままです。ともかく形式的にせよ法を守り、礼節を保って社交的にふるまっていると、それを何世紀も続けていると、いつの日か、道徳法則そのものを尊敬し、人間の尊厳を重んずる道徳的な思考様式が呼び覚まされるかもしれません。人類の心に内面的な革命がおこり、まったく新たな道徳的な生を歩むようになるのかもしれません。これは見通しや期待というより、むしろ博打《ばくち》や投機に近いものです。人間にとって道徳へと繋がる歴史の道はほかになく、道徳こそが最重要なのですから、カントは有り金のすべてをここに賭けるのです。

このカントの考え方は、道徳は人為的な社会制度だと喝破するホッブズとも、道徳は自然人の憐憫の情に根ざすと唱えるルソーとも異なっています。いわばカントは、ホッブズからルソーへと飛び移ろうとするのです。人の行動を社会的な法制度で雁字搦めにすることで、そこに真実の道徳の心情が目覚める、形式が真実へと転化する、それをひたすら待とうというわけです。これもじつに逆説的な、苦々しい洞察ですね。

とはいえ、これは「礼を以て心を制す」という儒教的な方法論であるともいえます。それだから、むしろわれわれ日本人には、当然の道理のように思われるかもしれません。こうした東西思想の比較はおもしろい論点なので残念ですが、ここでは先を急ぎましょう。

(三) 平和への三段階

さて、以上のような歴史の三段階に即して、国際的な関係と平和のありかたを整理してみましょう。これは応用問題ですので、わたしの推測が入るところもありますが、おおよそ次のようになると思われます。

まず文化の段階では、新たな武器が開発され、戦術が進歩します。それによって、ますます悲惨な戦争が拡大することになり、疲弊した国家は停戦条約を結びます。この休戦状態は、最初のほうで見たように、戦争の一時停止にすぎませんから、平和といっても、潜在的な戦争の状態であるといえます。

さらに文明の段階に入ると、戦争でさえも社交的に洗練されます。戦争の権限や開戦の作法などを規定する「戦争法」が国際法として整備されて、平時には煩わしいまでの外交儀礼が幅をきかすようになります。ここでは平和は、各国の勢力均衡のうえに、かろうじて保たれています。ときには戦勝国の利害の思惑が合致して、国際組織が形成され、一定の戦後秩序が構築されることもあるでしょう。そして国際的な社交が、そのような国家的なエゴイズムの均衡を美辞麗句で飾り立てます。

最後の道徳の段階は、世界の市民が法的に結合した世界市民的状態です。この段階ではじめて保証された本当の平和、「永遠平和」が達成されることになります。

さきほど述べたように、この最後の段階の国際関係の構想は、『普遍史の理念』と『永遠平和のために』とでは、すこし違っています。『普遍史の理念』は、「人類における完全な市民的連合」を語り、さらには遠い将来の「大国家組織」を展望します。ところが『永遠平和のために』は、あくまで「諸国家の連合」としての「国際連盟」とそれに基づく国際法に踏みとどまり、世界市民法の役割は「訪問の権利」を保証することで「普遍的な友好」を醸成することに限定されています。

いずれにせよ、この第三段階の国際関係は、法（国際法と世界市民法）への尊敬に基礎をもつのであって、第二段階の場合のように勢力均衡と外交儀礼に基づくのではありません。勢力均衡が崩れることで瓦解するような平和ではなく、むしろ世界の国々や人々が世界市民的な法秩序を維持しようと意志することで保証される平和です。

(四) 輝ける悲惨

この平和への三段階の歴史哲学も、やはり苦い論点を含んでいます。というのも、第三段階の永遠平和に辿りつくまでは、われわれは第二段階の国際関係に留まることになるからです。この第二段階での平和は、各国の国益のゲームのうえに浮かんでいるようなもので、平和を維持しようとする道徳的な意志に基礎づけられたものではありません。しかも、はたして永遠平和が人類に到達可能な状態なのかどうかは、まったく保証のかぎりではないのですから、いつまでもこの第二段階が続くのかもしれません。カントは第七命題の最後で、この第二段階の平和状態は「輝ける悲惨」だと述べています。

道徳的に善い心根に接ぎ木されていない善はすべて、たんなる仮象であり、輝ける悲惨にほかならない。おそらく人類は、混沌とした状態の国際関係から、わたしが説明したような方法で抜け出すことになるまで、このような状態に留まるだろう。

「心根」というのは根本的な性格や思考様式のことです。「仮象」とは見かけ倒しということです。つまり、平和や繁栄という栄光の見かけの裏に、国益だけを重視し、道徳を蔑ろにする根本態度が隠れているというのです。

この混沌とした国際関係においては、たんなる勢力均衡のゲームがあたかも平和の維持であるかのように喧伝されます。そのプレーヤーたちが平和を愛好すると僭称し、道徳的な正義を独占することさえあります。道徳はあくまで政治的に妥当な範囲でのみ許容され、それを逸脱する道徳は夢想だと嘲笑されるか、危険思想として排斥されます。しかも、屈辱的なことには、このような第二段階の「輝ける悲惨」に留まって耐えるほかには、永遠平和に到る方法はないのです。

七．おわりに――勝手に世界遺産への推薦の辞

そういえば、なぜ「勝手に世界遺産」というお題に「カントの平和の歴史哲学」というテーマを選んだのか、その事情をまだ説明していませんでした。最後に、「カントの平和の歴史哲学」を世界遺産に登録申請するための、わたしなりの推薦の辞をひとこと述べて、本章を締めくくることにしましょう。

カントの平和の歴史哲学は、歴史のコペルニクス的転回を踏まえて、永遠平和を実現するという人類の使命をみずからに定めるものです。それ以前には、神の摂理や終末論に基づく平和の思想はありましたが、人類の哲学的歴史に基づいて、永遠平和をみずからの道徳的な使命として自己設定した思想はありませんでした。また、国際法や勢力均衡の政治によって一時的な平和を実現・維持するという努力はありましたが、永遠平和の輪郭をえがくことに成功した思想はありませんでした。

とはいえ、カントの平和論は、たんなるユートピアを描写して終わりというものではありません。むしろそれは、永遠平和を理念として掲げることで、現代の第二段階の政治と道徳に鋭い批判を投げかけるものです。ときには鋭すぎて、人情としては酷なような気もするほどです。しかし、永遠平和の理想を掲げるのは、まさしくわれわれ人間の理性です。それゆえ現代への批判は、その

じつ理性の自己批判であって、その自己批判を可能にする理念の力の証明でもあります。

カントの考える平和への哲学的歴史は、野蛮な自然に開き直るのでも、ラディカルな理想を夢みることに満足するものでもありません。カントは、愚昧な人類には戦争の反復がお似合いだと諦めたりしませんし、明日にでも手を繋いで世界平和を実現できると歌うわけでもないのです。むしろカントは、現代の文化・文明の「輝ける悲惨」という屈辱を抱きつつ、それでも文化・文明の啓蒙のプロジェクトを推し進めることで、永遠平和の理想への道を歩もうとするのです。その歩みを人類の普遍的歴史という観点から自覚するのが、歴史哲学の役割です。

カントの平和の歴史哲学には、人間理性の構想する理念の力への信頼、近代の啓蒙のプロジェクトへの期待、そして人間の根源的なエゴイズムへの洞察という三つの柱があるといえるでしょう。おそらく読者のみなさんにとっては、三つめの根源的なエゴイズムというのが、苦い味がする考え方で、飲みこみにくいのではないでしょうか。それだから、カントの平和の歴史哲学を世界遺産に登録するということは、戦争をくりかえす人間の原罪という苦い思想を、くっきりと心に刻印して登録するということにほかなりません。この登録は、やはりみなさんが、ひとりひとり「勝手に」ご自身の心に刻んでもらうほかありません。

とはいえ、ひとは希望がないところでは、悪を自覚することができません。理性への信頼と近代への期待こそが、エゴイズムの自覚を可能にします。そして、カントの平和論のもっとも奥から聞こえてくる声は、われわれはみずからにそのような信頼と期待を抱いてよい、という励ましなのです。

【参考文献】

最後に読書案内をつけておきます。本文でも述べましたが、三批判書などはなかなか独学では厄介なのですが、平和論や歴史哲学については、カントの文章をじかに読むのが一番です。今回とりあげたカントのテクストの翻訳としては、つぎの三冊の文庫本が書店などでは手に入りやすいものです。岩波文庫が二冊ありますが、一つめには『永遠平和のために』が、二つめには『普遍史の理念』が収められています。三冊めの光文社の文庫は両方を収載しています。

カント『永遠平和のために』宇都宮芳明訳、岩波文庫、一九八五年。
カント『啓蒙とは何か 他四篇』篠田英雄訳、岩波文庫、一九七四年。
カント『永遠平和のために/啓蒙とは何か　他三編』中山元訳、光文社古典新訳文庫、二〇一六年。

あるいは図書館に行けば、つぎの岩波版の新『カント全集』があるかもしれません（オンデマンド版でも入手可能です）。『普遍史の理念』（福田喜一郎訳）と『永遠平和のために』（遠山義孝訳）

のどちらも入っていますし、関連するカントの諸論文も収録されています。訳者による解説も充実したもので、参考になります。しっかり勉強しようというかたにはお勧めです。

『カント全集 14 歴史哲学論集』岩波書店、二〇〇〇年。

理想社版の全集の第十三巻にも、多くの論文が収められています。

『カント全集 第十三巻 歴史哲学論集』小倉志祥訳、理想社、一九八八年。

入門的な参考書としては次の一冊をあげておきましょう。書名からもわかるとおり、カントの啓蒙論と平和論を論じたものです。

宇都宮芳明『カントの啓蒙精神——人類の啓蒙と永遠平和にむけて』岩波書店、二〇〇六年。

ロシア帝国と
ソ連の「遺産」

浅岡善治

4　ロシア帝国とソ連の「遺産」

浅岡善治

一．はじめに

今回は、「遺産」をキーワードに、ロシア帝国、その後継国家である旧ソヴィエト連邦、および現代のロシア連邦について、歴史的観点からお話していきたいと思います。私の専門は初期ソ連、一九二〇年代の農村史ですが、ソ連については、一般的な関心はともかく、一般的な評価、イメージは近年かなり低下しているでしょうから、今や存在しないこの国について多少なりとも興味を持っていただけるような話題もご提供できるかもしれません。なおロシア帝国、ソヴィエト連邦、ロシア連邦と並べましたが、これらの支配領域は、かなり重なってはいるものの同一ではありません。ロシア帝国は現在のポーランドの一部とフィンランドを含んでいましたし、ソ連も現在のウクライナ、ベラルーシ、そして沿バルト、カフカース、中央アジアの諸国を自らの構成共和国として抱えていました。これら全ての地域について周到に論ずる能力を当方は持ち合わせておりませんので、今回は、時折若干はみ出すことはあるかもしれませんが、ほぼ現在のロシア連邦の版図に対象を限定させてお話させていただくことにします。悪しからずご了承ください。

二．ロシア史の中の「世界遺産」

「遺産」という言葉で真っ先に思い浮かぶのは、ユネスコの世界遺産委員会が認定・登録する、いわゆる「世界遺産」でしょう。二〇一八年現在、ロシア連邦内には三〇弱の世界遺産が存在しています（【図1】）。それらの配置は概ね、ヨーロッパ側すなわち西側に「文化遺産」、アジア側すなわち東側に「自然遺産」が固まる構図になっています。「文化遺産」の認定に際しては、しばしばそのヨーロッパ的な価値基準、いわゆる「ヨーロッパ中心主義」が問題になってきましたが、ロシアにおけるかかる偏在状況は、むしろ、北西を起点として南へ、さらに東へと広がった、ロシア国家の歴史的発展の軌跡を反映していると考えられます。まずはロシアの「世界文化遺産」のうち主要なものについて、同国の歴史に関連付けて概観してみましょう[1]。

世界遺産「ノヴゴロドと周辺地区の歴史的建造物群」を抱えるノヴゴロドは、ロシア北西部において早くから栄えた商業都市です。同市は中世ヨーロッパの、いわゆる「第二次民族大移動」とともに重要性を増したバルト海から黒海への商業ルート上に発展しまして、紆余曲折を経て、ヴァ

4. ロシア帝国とソ連の「遺産」

【世界文化遺産】
・サンクトペテルブルク歴史地区と関連建造物群（1990）
・キジ島の木造教会（1990）
・モスクワのクレムリンと赤の広場（1990）
・ウラジーミルとスーズダリの白亜の建造物群（1992）
・ソロヴェツキー諸島の歴史的・文化的遺産群（1992）
・ノヴゴロドと周辺地区の歴史的建造物群（1992）
・セルギエフ・ポサードのトロイツェ・セルギエフ修道院の建造物群（1993）
・コローメンスコエの主昇天教会（モスクワ）（1994）
・フェラポントフ修道院の建造物群（2000）
・カザン・クレムリンの歴史的・建築的遺産群（2000）
・クルシュー砂州（2000）*
・デェルベントの城塞、古代都市、城壁建築物（2003）
・ノヴォデェーヴィチ修道院の建造物群（2004）
・ヤロスラヴリ歴史地区（2005）
・シュトルーヴェの測地弧（2005）*
・ボルガールの歴史的・考古学的遺産群（2014）
・中州島スヴィヤージスクの聖堂・修道院群（2017）

【世界自然遺産】
・コミの原生林（1995）
・バイカル湖（1996）
・西カフカース（1999）
・ウヴス・ヌール盆地（2003）*
・プトラナ台地（2010）
・ダウリヤの景観（2017）*
・カムチャツカ火山群（1996, 2001）
・「アルタイの黄金の山々」（1998）
・中央シホテ・アリニ（2001, 2018）
・ヴランゲリ島保護区の自然生態系（2004）
・「レナ石柱」自然公園（2012）

*は他国にも跨るもの

〔出典〕http://whc.unesco.org/en/statesparties/ru

【図1】 ロシア連邦の「世界遺産」
（追記）2019年に「建築のプスコフ派の教会群」が追加された

リャーグ（ヴァイキング）の首長リューリクが同地の支配権を掌握した八六二年が一般にロシア国家の起点とされています。具体的経緯についてはやや伝説めいたところも残っていますが、ロシアの語源となるルース、ルーシなる言葉もノルマン起源と考えられており、ここに始まるロシア最初の王統は「リューリク朝」（八六二―一五九八年）と呼ばれます。ノヴゴロドには現在でも旧市街を囲むレンガ造りの城塞《クレムリン》が残っており（元々は木製だったでしょうが）、その中にあるソフィア大聖堂は一一世紀半ばの建設で、ロシア最古の現存建築物とされています。同じくクレムリンの中には、一八六二年に「建国一〇〇〇年」を記念して建造された巨大なモニュメント、「ロシア一〇〇〇年記念碑」があり、始祖リューリクをはじめとする、ロシア史上に名前を残す英傑・偉人の像が大小一〇〇以上刻まれています（以上、【図2】。以下特記なき限り、本稿掲載の図像は筆者撮影のものです）。

このようにしてノヴゴロドを揺籃の地として生まれた初期ロシア国家は、やがてキエフに進出、同地を支配するに至り、「キエフ・ルーシ」と言われることになります。ご存知の通りキエフは現在のウクライナの首都ですから、だいぶ南に勢力を伸ばしたわけです。一〇世紀の末、ビザンツ帝国との結びつきを強めたキエフ・ルーシがキリスト教（ギリシア正教）を受容し、さらにキエフ公がビザンツ皇帝の妹を娶ったことは、政治面、文化面で、ルーシの進路に決定的な影響をもたらしました。近年ロシアとウクライナの関係は悪化し、教会組織も分裂状況にありますが、キエフには

【図 2】 （左上）ノヴゴロドのクレムリン；（左下）ソフィア大聖堂；（右）「ロシア 1000 年記念碑」

両国が分岐する前の共通の過去を明示する宗教的建造物が数多く残っており、「キエフの聖ソフィア大聖堂と関連する修道院郡、キエフ・ペチェールスカ大修道院」として一九九〇年に「世界文化遺産」に認定されています。

一二世紀後半になるとキエフ・ルーシは諸公国への分裂・解体の傾向を強め、それに伴い政治的な中心も今度は北東へと移動していきます。世界文化遺産「ウラジーミルとスーズダリの白亜の建造物群」は、一三世紀においてロシア世界の中心となったこの地域の繁栄を今日に伝えるものです。スーズダリは現在では完全な地方都市で、城塞のあとも土塁しか残っていませんが、ロヂェストヴェンスキー聖堂（基部は一三世紀の建築）をはじめとして、石灰岩で作られた古い教会や修道院がよく残っています。

【図3】（左上）スーズダリのロヂェストヴェンスキー聖堂；（右上）ウラジーミルの「黄金の門」；（左下）ウスペンスキー大聖堂；（右下）ウラジーミル近郊のポクロフ・ナ・ネルリ教会

スーズダリの隣市で、続いて繁栄の中心となったウラジーミルにも、城塞そのものは土塁程度しか残っていませんが（都市の城壁はしばしば近代化の障害になったのです）、「黄金の門」と呼ばれる一三世紀建造の城門が現存しています。また、一四世紀には最高位を誇ったウスペンスキー大聖堂のほか、石灰岩に浮き彫りを施した美しい教会が多数残っており、中でも近郊ボゴリューボヴォの川辺にあるポクロフ・ナ・ネルリ教会は、水辺の白鳥にたとえられる華麗さを誇っています（以上、【図3】）。なお世界文化遺産「ヤロスラヴリ歴史地区」を抱えるヤロスラヴリもこの時期の北東部の発展にその基礎をおいており、ウラジーミル、スーズダリほかの諸都市と共に「黄金の環」と呼ばれる古都群を形成しています。

このような北東ロシアの繁栄も、内訌、そして最終的には東方からのモンゴル軍の侵攻によって大きな打撃を受けます。ロシアは、「タタールのくびき」と呼ばれる二百数十年に及ぶモンゴル支配の時代を迎えるのです。同じ頃、海を隔てた極東の小国はモンゴルの侵攻を二度も撃退しましたが、陸続きのヨーロッパではそうはいきませんでした。モンゴル支配の内実は貢税の収取を主眼とした間接統治だったので、ウラジーミルは政治的中心の機能を維持しますが、モンゴル侵攻時に決定的な破壊を被り、大公の権威も低下して、分領公国レヴェルでの自立化が進みます。こうした新しい状況の中で、モンゴル支配と巧みに関係を取り結びつつ台頭してくるのがモスクワです。やがてモスクワは諸公国の首位に躍り出、国家的統一とモンゴル支配からの脱却の中心となっていきます。ビザンツ帝国の衰亡とともに、コンスタンティノープルからの自律性を強めつつあった教会勢力との提携関係も強化されていきます。世界文化遺産「モスクワのクレムリンと赤の広場」は、この時期から勢力を強め、やがては「第三のローマ」を称することになるモスクワの興隆の遺産に他なりません。当初木造だった城塞《クレムリン》の今日に近い形への改修、歴代の皇帝《ツァーリ》の戴冠式が行われることになるウスペンスキー大聖堂の再建、当時モスクワで最も高い建物であったという鐘楼の建設、そして赤の広場に面して建つ極彩色の聖ヴァシリー大聖堂の建設、これらはいずれもモスクワ国家の発展期に当たる一五―一六世紀のことです（【図4】及び口絵4－1）。一六世紀末から一七世紀初頭

【図 4】　(左上)赤の広場；(右上)クレムリン内のウスペンスキー大聖堂；(左下)「イヴァン雷帝の鐘楼」；(右下) 聖ヴァシリー大聖堂

にかけてのロシアは、リューリク朝の断絶とそれに伴う内憂外患の時代、いわゆる「動乱時代」を迎えますが、その後成立したロマノフ王朝（一六一三―一九一七）も引き続きモスクワを拠点としました。他にもモスクワ市内には「コローメンスコエの主昇天教会」、「ノヴォヂェーヴィチ修道院の建造物群」といった世界文化遺産が存在していますが、それらもこうしたモスクワ国家の発展と中心化の随伴物と言えます。

　一方、世界文化遺産「サンクトペテルブルク歴史地区と関連建造物群」を抱えるサンクトペテルブルクは、一八世紀初頭、ピョートル一世の時代に、バルト海、フィンランド湾に面した沼沢地に

「ヨーロッパへの窓」として建設された新しい都です（モスクワからの遷都は一七一二年）。ピョートル一世の守護聖人の名を冠したこの新都市には、旧来のロシアの都市を囲む防御施設である城塞は初めからありません。とは言え、この都市の建設も、北方に対する防御施設であるペトロパヴロフスク要塞の構築から始まりました。ピョートル一世が建設を指揮するために最初に建てた小屋が現在も博物館として残っています。同要塞の中にある尖塔が印象的な聖堂は、ロマノフ朝の歴代皇帝の墓所となっています。この要塞を起点にやがて対岸の開発が進み、新たな近世都市が徐々に姿を現していきます。冬宮（現エルミタージュ美術館）をはじめとする諸々の宮殿はもちろん、イサク聖堂やカザン聖堂といった宗教施設も、モスクワの伝統的な建築物とは異なる洗練された様式です。例外は、一八八一年にアレクサンドル二世（クリミア戦争敗北の衝撃を受けて、いわゆる「大改革」を推進し、ロシアの近代化を図った皇帝です）が革命派に爆弾で暗殺された地に建設された、「血の上の救世主教会」でしょう。この建物だけは現在でも運河のほとりで、伝統的な正教調・モスクワ調の佇まいを見せています（以上、【図5】）。皇帝受難から数年後に着工された同教会が完成したのが一九〇七年、それからまもなくロシアは最初の世界戦争へと突入し、敵国ドイツ風の響きのある帝都「サンクトペテルブルク」はロシア風に「ペトログラード」へと改称されます。そして一九一七年には革命が勃発、三〇〇年あまり続いたロマノフ王朝は終焉を迎えるのです。レーニン率いる新政権は、内戦と干渉戦争の危機に直面して、外国に近すぎるこの「ヨーロッパへの窓」

【図 5】（左上）サンクトペテルブルクのペトロパヴロフスク要塞（左奥）と旧海軍省（右）；（右上）カザン聖堂；（左下）イサク聖堂；（右下）血の上の救世主教会

から旧都モスクワへの還都を急ぐことになります。

三、「正教国家」の遺産と「反宗教国家」による継承・保護

ここまでロシア史の展開と関連付けて、ロシアの代表的な「世界文化遺産」を紹介してきましたが、言及しなかったものも含めて、ほとんどすべてがソ連以前、ロシア帝国期までに完成されるか基礎が据えられたもので、必然的に王朝ないしロシア正教との関係が深い文化財ばかりです。ロシア帝国はビザンツの後継国家としての自己意識のもと、帝権と教権が強く結びつきつつ、相互の関係性では前者が基本的に優位を占める体制を構築して

いきました。そして一九一七年の二つの革命を経て成立したソヴィエト政権は、そうした伝統と決別し、旧き帝政の残滓として教会の影響力をも積極的に排除しようとします。必然的にこれらの文化財の社会的価値も暴落します。もちろんこのような価値転換は、とりわけ急激な近代化の過程において他所でも数多く見られ、しばしば大規模な破壊と損失をもたらしました。日本も例外ではありません。しかしながら、単なる世俗主義にとどまらず、はっきりと無神論を標榜し、たびたび攻撃的な反宗教的措置を発動したソヴィエト体制の下で、宗教的な文化財・歴史遺物はどのようにして損壊を免れ、生き延びてきたのか、ということが疑問として浮かぶでしょう。

先ごろ刊行された高橋沙奈美『ソヴィエト・ロシアの聖なる景観』（北海道大学出版会、二〇一八年）は、純粋な歴史研究というよりは宗教学的・社会学的傾きを持っていますが、この疑問に具体的回答を与えている研究書です。革命後、社会主義政権の下で破壊されるか、他目的に転用、あるいは放置されていた宗教的文化財が、やがて文化遺産として再評価され、さらには保護の対象となり、博物館や自然公園として活用される経緯が、聞き取りなどのフィールドワークの成果をも交えて追究されます。かなりかいつまんで言えば、かかる転換を推し進めたものとして、個々の「好事家《エントゥジアースト》」の尽力以外に本書が強調する諸要因は、①スターリン体制が成立する一九三〇年代以降に明確化する国際主義の後退とロシア中心主義的・「ソヴィエト愛国主義」的気運、②それに並行して生じた、宗教芸術もまた「人民《ナロード》の才」であるという論理、③独ソ戦のさなかにおける体制と教会との和解、そして④とりわけ非スターリン化以降の、文化財保護運動と社会運動との結びつきです（高橋 2018）。

先に言及したウラジーミル、スーズダリなどとともに、本書で事例研究として取り上げられているものとして、一九九〇年、ペテルブルク・モスクワの「両首都」と同時にソ連最初の世界文化遺産に認定された「キジ島の木造教会」をめぐる事態の推移があります。キジ島は現ロシア連邦の北西部でフィンランドと長く国境を接する連邦構成共和国、カレリア共和国のオネガ湖に浮かぶ島です。オネガ湖は湖とはいえ、同じくカレリアにあるラドガ湖に次いでヨーロッパ第二の大きさですから、その中にあるキジ島まで主要港（カレリア共和国の首府ペトロザヴォーツク）から六〇キロメートル強、かなり高速の水中翼船でも一時間半ほどかかります。この僻遠の島には、当地方独自の手法で一八―一九世紀に建造された見事な木造教会群（総木材で、金属が使われていません）が残っており、寄り添って立つ二つの教会と鐘楼は、しばしば「三重奏《アンサンブル》」と形容されます【図6】及び口絵口絵4−2）。本書は、当初は多分に偶然的に破壊・消失を免れたキジ島の宗教的文化遺産が、一定の落ち着きを取り戻した後期ソ連体制下において、公式の「科学的無神論」に沿って「ナロードの芸術」として再解釈され、党＝国家の積極的保護を引き出すことに成功した経緯を明らかにします。六〇年代以降、国内ツーリズムが政策的に促進されたことも奏功し、キジ島はソ連を代表する観光地となっていきます（高橋 2018: 345-353）。保護対象となった同島には、解

【図6】（左）キジ港；（右）キジ島の「三重奏」

体の危機に瀕した近隣の建造物も移築されるようになり、現在でも島全体が博物館＝保護区となっています。

このように、本書は先ほどの我々の疑問に十分な回答を与えるものですが、初期ソ連史研究者の私からすれば、内容的に若干物足りない部分もあります。本書における初期ソ連の諸実践の扱いは主に二次文献による簡略なもので、しばしば「二〇―三〇年代」の状況として概括されますが、革命期（革命直後）についての言及はほとんどありません。実際には、革命からスターリンが権力を完全に掌握し、独自の政治体制を確立する三〇年代初頭までは一〇年以上の中間的な、いわば試行錯誤の時代がありました。さすがに本書もたびたび言及していますが、この時期、教育人民委員（文部大臣）を務めていたアナトリー・ルナチャルスキーという人物は、進歩的な文教政策を推進し、革命的な急進化傾向をうまく抑えて、古典芸術から前衛芸術まで広く保護に努めました。やがて成立するスターリン体制は、これらの試行錯誤の帰結としての側面と、その豊かな成果の否定、破却の側面を併せ持っていました。新体制成立の契機となる二〇年代末以降の社会的・政治的大変動が「上からの革命」あるいは「スターリン革命」と称され、一九一七年の革命（十月革命）に続く「第二の革命」とされる所以です。この中でルナチャルスキーは教育人民委員を解任され、文教政策も「スターリン化」されてしまうのです。本書が専ら後期ソ連を対象とし、この時期について注目すべき新しい論点をいくつか提示しているのは確かです。しかし、初期ソ連の状況をオミットし、革命とスターリン体制の成立を直結してしまうと、初期の豊かな実践の帰趨があいまいとなってしまいます。過去の諸実践は、強力な断絶作用が働かない限り、後代に累積的に影響を及ぼします。初期の実践が正しく把握できなければ、継続にせよ断絶にせよ、それが少なからず影響を及ぼしているに違いない後代の実践の正しい評価もおぼつかないのです。

他方で従来の研究史、とりわけソ連時代のそれに問題があったのも確かです。旧ソ連の歴史学では、政治上の制約から肯定的に扱うことが許容される対象が限られ、「スターリン批判」でそれまで無謬の存在だったスターリンが凋落してからは、文化・芸術政策の分野で後代の評価が高い措置はほとんどレーニンかルナチャルスキーの業績に帰されるのが通例となっていました。これは、一つの「神話」が別の「神話」に置き換えられたにすぎません。しかしなおも、いやむしろそのような状況であるからこそ、私は、後のどの時期のソ連を扱うにせよ、まだ革命の理想が生きていた初期ソ連の実践の丁寧な洗い直しが必要だと考えています。

そもそもマルクス主義者の基本発想は、資本主義の単なる否定ではなく、独自の進歩的歴史観のもと、資本主義が生み出した最良の成果（「遺産」！）はそっくりそのまま継承し、新たな体制の下でそのさらなる発展を期すというものでした。彼らが第一に継受しようとしたのは、近代資本主義が実現した、高度に組織化された効率的な産業基盤ですが（ゆえに、こうした基盤が不完全にしか存在せず、他国からの救援＝「世界革命」もまた頓挫したというところに、ロシア革命の根源的なディレンマが生じました）、それに付随する他の社会的・文化的「遺産」ももちろん積極的な継承の対象でした。ゆえに、何を引き継ぎ、何を拒絶するかの判断の基準が核心的な重要性を帯びてきます。

　レーニンもルナチャルスキーも旧ロシア帝国のエリート家系の出身ですが、レーニンは西欧的な知識人とロシア的な革命家の二つの側面を併せ持った人物で、前者の資質は伝統的な芸術的・文化的価値への深い理解へとつながっていましたが、ロシア的な革命家としての資質はそれらに対する禁欲的な姿勢を彼に強いたようです（富田 2016: 138-139）。この点、当時一流の知識人・文化人であったルナチャルスキーは、一層明確に前者へと傾斜していました。彼を教育・芸術担当の閣僚に迎えた革命政権が、当時「世界で最も知的水準の高い政府」と呼ばれたのは偶然ではありません。後代の歴史家は、彼の文化・芸術政策を、スターリン期以降のそれと比べて、「リベラル」とか「柔軟《ソフト》」とか評言しますが、それは、彼がロシア・マルクス主義に流れ込んだ西欧的潮流を最も明瞭に体現していたからです（Fitzpatrick 1970, 1974）。しかしその分、ロシアという地における革命の担い手としての重要な資質がルナチャルスキーに欠けていたことは否めません。対照的に、ロシア的な革命家気質の権化とも言えるスターリンは、ルナチャルスキーを党内の「旧世代の人物」として明らかに軽んじていました（浅岡 2017: 12-13）。

一〇月革命のルポルタージュとして名高いアメリカ人ジャーナリスト、ジョン・リードの『世界を揺るがした一〇日間』（原著一九一九年）には、ルナチャルスキーについての興味深いエピソードが収録されています。一九一七年一〇月、首都ペトログラードでの革命派《ボリシェヴィキ》の権力奪取は、ほぼ無血で成功しましたが、その他の地域では大小の戦闘が起こります。そんな時、モスクワでは市街戦となり（これは事実）、クレムリン及びその周辺の歴史的建造物が砲撃を受け、破壊された（これは誤報）という知らせが飛び込んできます。閣議の席上でこの報に接したルナチャルスキーは「泣き崩れ」、「わめきながら」その場を走り去ってしまいました。まもなく彼は教育人民委員からの辞任を表明します。今や「野蛮」の域に達した熾烈な闘争による物的破壊と人的犠牲に耐えられないというのです（リード 2017: 449-450）。強く慰留された彼は思い直し、新しい声明文を出すのですが、それが同書に補録されていますので、少々長いですが引用します：

同志たちよ！　君たちこそこの国の若き支配者たちであり、今は多くのことをやり、考えねばならないだろうが、君たちの芸術的、科学的な宝を守る方法も心得ておかねばならない。

同志たちよ！　モスクワで起きていることはおぞましく、取り返しのつかない不幸である。…権力をめぐる闘争の中、人民はわれわれの栄光ある古都を傷つけてしまった。目下のような暴力的な闘争の日々に、破壊的な戦争の日々に、教育人民委員《コミッサール》を務めるのは特に苦しいものだ。社会主義——それは新たな、より優れた文化の源である——が勝利するとの希望だけが私を慰めてくれる。人民の芸術的富を守る責任が私にのしかかっている。…私はこの何ら影響力のない地位に留まっているわけにはいかず、辞任した。わが同志たち、だがほかの人民委員たちは私の辞任は認めがたいと言った。そこで私は職務に留まることにした。…さらにまた、クレムリンの被害はこれまで伝えられていたほどにはひどくないと私は理解している…。

しかし、同志たちよ、私はみなさんに懇願する——君たち自身のために、そして君たちの子孫のために、わが祖国の美しさを守ってほしい。人民の財産の守護者であってほしいのだ。間もなく、もうほどなくして、これまで長きにわたって無知のままにされてきたもっとも無知な者たちも、目を覚まし、芸術がいかに喜びと力と叡智の源泉であるか、理解するはずである…。

（リード 2017: 657-658）

この声明文には、旧体制を転覆した側の立場からではありますが、その最良の「遺産」、普遍性が認められる文化的価値に対する率直な崇敬が感じられます。そして、旧体制において「文明」から全く切り離されてきた「無知な者たち」にもそのような価値を広く行き渡らせ、かつそれらを一層発展させていくことこそが「革命」だと言うのです。こうした初期の理念は、二〇年代末の「スターリン革命」の始動とそれに伴うルナチャルスキーの退場によって永遠に失われたのでしょうか、あるいはスターリン時代を根強く生き残り、後の時代において少なからず再生を果たしたのでしょうか。まだまだ我々が究明しなければならない課題は多そうです。

四．「社会主義的近代化」が遺したもの

(一)「社会主義建設」と資本主義の「超克」

先に述べた、一九二〇年代末―三〇年代初のソ連における大変動＝「上からの革命」は、革命の継続・深化の側面と、幾つかの本質的諸点での断絶・決別の側面を併せ持つ、きわめて評価が難しい歴史事象で、このことは、この新たな「革命」の結果として生じたスターリン体制の性格にも直結します。この後、共産党は国家機関と密着してその文民的な性格を後退させ、暴力と強制を構造化し、やがてスターリンの個人独裁にまで到達するところの、きわめて強権的な体制が生まれま

す。他方で、この新たな体制が、様々な構造的な制約を強行突破して、農業国ロシアを幾つかの分野では先進資本主義国に見劣りのしない工業国へと短い期間で飛躍させたのも事実です。かかる工業化は軍備の充実と直結しており、後に第二次世界大戦におけるナチズムの撃退と打倒、戦後秩序におけるアメリカとの拮抗という成果を生みます。こういうわけですから、引き続きソ連時代の「遺産」についてお話しするのに際しては、スターリン期以降に整備され、一部はなおも現代ロシアの産業的基盤を支えている数々の工業施設群、巨大な工業プラントや厳めしい軍事施設などを取り上げるのが適当とも考えられるのですが、話の流れ上、もう少々文化的に、そのような「社会主義的建設」の諸成果をシンボライズした記念建造物を中心に見ていくことにします。

三〇年代初頭、新たなスターリン体制は、各地で工業化を強力に推し進める一方で、並行して首都モスクワの改造に着手します。背景には工業化に伴う農村から都市への大規模な人口移動がありましたが、先行する資本主義諸国への明確な対抗意識、雄飛する社会主義の中心にふさわしい近代的都市の再構築というイデオロギー的な動機も濃厚でした（下斗米 1994; 池田 2009）。この壮大な事業を視覚的に体現するものとして推進された建築プロジェクトとして、いわゆる「ソヴィエト宮殿（Дворец советов）」計画があります。新しい「世界の首都」の中心となるべきこの壮麗な建物は、最終的にクレムリン南西のモスクワ川河岸に建設されることになりましたが、当時そこには、一九世紀末の比較的新しい建設ながらロシア正教会の代表的建築物となっていた救世主キリスト聖堂がありました。「スターリン革命」が始動していた時期ですから、この立地選定には教会勢力への攻勢という政治的な意図も濃厚でした。実際、一九三一年夏に新宮殿の設計コンペティションが公示されると、すぐに聖堂の解体作業が始まり、その年のうちに爆破・撤去されてしまいます。建設委員会は新宮殿の要件として、「社会主義国家建設の偉大さを反映させる荘厳さ、簡潔さ、統一感、華麗さ」を兼ね備え、現代建築および古典建築の長所を取り入れ、かつ最新の建築技術をも導入することを要求しました。技術的な制約もあってコンペは難航しましたが、四回目の審査でボリス・イオファンの案が若干の修正を前提として採用されることになります。面白いのはこの後の詰めの作業において建物の規模がどんどん大きくなっていくところで、いかにも何事にも前のめりだったこの時期のソ連らしいと思います。イオファンの当初案は、二万人収容の円形ホールと六〇〇〇人収容の小ホールからなるピラミッド状の階層構造の建物に、全長一八メートルの「解放されたプロレタリアートの像」が乗り、計二六〇メートルになるというものでした（現在、仙台市で一番高い北目町界隈のビルが一八〇メートルほどですから、当初案でも既に相当高いことがお分かりいただけると思います）。しかしこれがさらに「上方修正」されていき、加えて上に乗るモニュメントは国父レーニンの像に代えられ、一九三四年の設計案では、八〇メートルのレーニン像を戴く、全高四一五メートルの建築計画となりました。現在の日本でも、これを超える人口建造物は東京スカイツリーくらいしかありません。当時アメリカの雑誌に掲載された、この案を図解したと思われる記事を挙げておきましょう。ここではソヴィエト宮殿が、当時ヨーロッパでも最も高い建築物であったパリのエッフェル塔よりも、そして当時世界で最も高い建物であったニューヨークのエンパイア・ステート・ビルディングよりも高くなる予定であることが紹介されています（【図7】）。

もちろん当時の技術水準では、このような高層建築は計画通りには進みません。予定地の地盤も高層建築には適合していなかったようです。それでも建設は始まりましたが、まもなく独ソ戦が始まり、危急存亡の危機に立ったソヴィエト政権は、工事を中止するだけでなく、既に施工された部分についても軍事用に転用したと言われています。結局戦後になっても工事は再開されず、五〇年代末に土台穴は公共施設（屋外プール）に転用され、こちらはこちらで当時世界最大の規模を誇ることになりました。さらに時代は過ぎて、ソ連が消滅すると、宗教的な気分の高まりの中で、再びこの地にかつての姿そのままに救世主キリスト聖堂が再建されることになり、体制転換を象徴する出来事として大変話題となりました（【図8】）。現在ではこの聖堂にロシア正教会の総主教座が置かれており、モスクワを代表する建築物の一つとしてモスクワ川河畔に威容を誇っています(以上、下斗米 1994: 49-58; ムラギルディン 2002: 80-81)。

このように、最大のプロジェクトは頓挫しましたが、ドイツを打倒して世界の覇権国の一方にのし上がったソ連は、戦後復興の過程で勇壮な建築物を次々と建設し始めます。それらは「スターリン様式」とか、より以前の類似の建築様式にならって「スターリン・アンピール」、「スターリン・

WORLD'S TALLEST BUILDING

In this drawing, the artist has shown how the "Palace of the Soviets," now under construction in Moscow, will compare in height with the Empire State building, in New York City, at present the world's tallest structure, and with Europe's tallest, the Eiffel Tower in Paris. The Palace of the Soviets will be completed in 1942 and, including the stainless steel statue of Lenin on top, will be the world's tallest and most spacious building. The main hall will seat 25,000 and another hall will seat 6,000. The ceiling of the interior dome will be 300 feet high. The building will be serviced by 120 elevators, 60 escalators, and will contain halls, clubs, galleries, museums, and will house government archives.

34 *Mechanix Illustrated—September, 1939*

【図 7】「世界で最も高い建築物」（米『メカニックス・イラストレイテッド』誌 1939 年 9 月号〔同誌のオンライン・アーカイヴより〕）
http://blog.modernmechanix.com/worlds-tallest-building/

【図8】 現在の救世主キリスト聖堂

ゴシック」、あるいは「スターリンのウェディングケーキ」と呼ばれています。当時「開府八〇〇年」を迎えていたモスクワでは、この様式の高層ビルが七つ〔モスクワ大学本館、外務省、旧鉄道省〔現「クラースナヤ・ヴァロータ」地下鉄駅管理棟〕、「文化人アパート」、「芸術家アパート」、旧レニングラーツカヤ・ホテル〔現ヒルトン・モスクワ・レニングラーツカヤ〕、旧ウクライナ・ホテル〔現ラディソン・コレクション・ホテル・モスクワ〕〕建設され、現在もソ連時代の名残を伝えています（【図9】、ムラギルディン 2002: 24-25, 92-95）。

後期ロマノフ朝の正統性と国家的威信が何よりもナポレオン戦争によって支えられたように、後期ソヴィエト体制の正統性は独ソ戦におけるナチズムの撃退と粉砕によって大いに高まりました。ロシアでは前者を「祖国戦争（Отечественная война）」、後者を「大祖国戦争（Великая Отечественная война）」と呼び、両者の強い関

【図9】（左）モスクワ大学本館；（右）レニングラーツカヤ・ホテル（左奥は旧鉄道省）

係性を明示しています。先に紹介した帝政期の「世界文化遺産」、とりわけ当時の首都だったサンクトペテルブルクのそれらは、「祖国戦争」の勝利を契機に着手されたものが少なくありません。「大祖国戦争」についてもロシア各地に戦勝を記念する建造物が数多く存在しますが、まだまだ「近い」過去ということもあり、それらの「世界的」意義はいまだ承認されていませんが、ここでは、特に「ソ連的」と思われるものをいくつか紹介しましょう。

対ナポレオン「祖国戦争」の最も代表的な勝利記念碑である「アレクサンドルの円柱」はサンクトペテルブルクの宮殿広場、エルミタージュ美術館の真ん前にそびえていますが、「大祖国戦争」の勝利を記念した最大のモニュメントは、モスクワ市の西部、元々「祖国戦争」の凱旋門があった「勝利記念広場」の近くに新たに設けられた「勝利記念公園」の中にあります（よって厳密には、「祖国戦争」・「大祖国戦争」両方の戦勝に捧げられた記念碑です）。これはごく最近の建造物で、ソ連解体後の一九九五年、対独戦勝五〇周年記念に合わせて建立されました。ソ連の対独戦勝という「遺産」が、ポスト・ソ連の体

【図 10】 （左）サンクトペテルブルクの「アレクサンドルの円柱」；（右）モスクワの「勝利記念碑」

制の正統性をも支えていることの何よりの証左でしょう。高さは一四一・八メートルありますが、この数値は、ドイツの侵攻が始まった一九四一年六月二二日からソ連軍の反攻、ベルリン戦を経てドイツが降伏した一九四五年五月九日までの一四一八日間を、一日＝〇・一メートルで換算しているからだそうです。これが現在、ロシアで最も高いモニュメントとなります（以上、【図10】）。

第二次世界大戦最大の激戦地として有名なスターリングラード（現ヴォルゴグラード）にも多くの記念建造物が建立されています。中でも特に攻防の激しかった市北東部の高台、かつてのタタールの君侯《ハン》の墳墓跡と伝えられる「ママイの丘」には、剣をかまえた巨大な女性像、「母なる祖国（Родина-мать зовет!）」像が威容を誇っています。このコンクリート製の像は六〇年代の末の建設で、最頂部は八〇メートルを超え、台座部分を含めない自立部分ではニューヨークの「自由の女神」像より高く、当時世界最大の自立像ということになっていました

【図 11】（左）ヴォルゴグラードの「母なる祖国」像；（右）同「死守」像

（モニュメントとしての全高では、「自由の女神」が掲げるたいまつが、こちらの剣先をわずかに上回っています）。丘をやや下った中腹の広場には、今度は男性モチーフの「死守（Стоять насмерть!）」像があります。こちらははるかに小さく、機関銃を携えた、より現代風の作風となっています。この二つは角度によっては同じ視界、単一の写真構図に収めることができ、「『スターリングラード戦の英雄たち』に捧げられた重奏《アンサンブル》記念碑」とも呼ばれています（以上、【図11】）。

北西ロシア、北極海に直接つながるバレンツ海に面するムルマンスクは、第二次世界大戦時、アメリカからの軍事物資支援（レンドリース）の主要な受け入れ港で、これまたドイツ軍との激戦が展開されました。ここには、戦争犠牲者の慰霊碑として「大祖国戦争期のソヴィエト北極圏防衛者たち」に捧げられた巨大な赤軍兵士の像（通称「アリョーシャ」〔男性名「アレクセイ」の愛称形〕）が建立されています。六〇年代末から七〇年代半ばにかけて建設され、全高は四二メートルあまりで、前述の「母なる祖

【図 12】 ムルマンスクの「アリョーシャ」

国」像に続き、旧ソ連の自立像としては第二位の全高を誇ります。この像は、ドイツ軍が来攻しソ連軍との激しい攻防戦が展開された街の西側の古戦場を見つめるように建てられています（【図12】）。

大戦中、枢軸国に対しては連合してあたったアメリカとソ連ですが、戦後は対立が深まり、いわゆる「冷戦」へと突入していきます。ここでアメリカへの軍事的対抗のためにソ連が躍起となったのは核開発、およびその運搬手段となるロケット開発でした。両者とも、様々な形での外国からの技術導入があったのは事実ですが、ソ連国内の科学技術も相当高い水準に達しており、核開発についていては戦後まもなくアメリカに追いつき、ロケット開発では先行して、一九五七年、人類初の人工衛星「スプートニク」を宇宙へと送り込むことに成功します。引き続きソ連は、初の動物（犬）の宇宙飛行、初の有人宇宙飛行、そして初の女性の宇宙飛行と成果を重ねていき

【図13】　モスクワの「宇宙征服者のオベリスク」

ます。この分野でアメリカがソ連に一矢報いるのは、一九六九年のアポロ一一号の月面着陸を待たねばなりません。言うまでもなく、こうした「宇宙開発競争」における長期的優位は、冷戦下におけるソ連の国威宣揚に大きく貢献しました。まだ「競争」のさなかの一九六四年、ソ連国内の諸産業の成果を展示する「国民経済博覧会（ВДНХ〔現在の全ロシア博覧センター〕）」の前に、「宇宙征服者の記念碑」（通称「宇宙征服者のオベリスク」）が建設されました（【図13】）。先端はロケットで、本体部分はその排気を模しており、全高は一〇七メートルに及んでいます（近年、前述の「勝利記念碑」が追い抜くまでは、ロシアで最も高いモニュメントだったと考えられます）。基部は建物になっていて、現在は宇宙飛行士博物館です。この前の公園は「宇宙《コスモス》公園」、大通りを渡ったところにはリーズナブルで日本人観光客にもなじみの深い「ホテル宇宙《コスモス》」があり、近隣は「宇宙」だらけといった感じです。

戦後、新たにソ連の「勢力圏」に入った中東欧諸国にも、並行して数多くの「ソ連的」な建築物・産業施設が数多く作られました。それらは、とりわけ体制転換直後には、かつての「ソ連支配」の象徴として否定的に見られることが多かったのですが、近年では観光資源、さらには「遺産」としての再評価が始まっているようです（四方田・加藤編 2018）。

(二) コストと「負の遺産」

歴史的偉業の背後には、必ず犠牲やコストが存在しています。それらの貸借関係《バランス・シート》こそが、その歴史的意義を左右すると言っても過言ではありません。旧ソ連のように、独特のイデオロギーを掲げ、成果とともに犠牲も大きかった体制については、これはとりわけの難問となります。和田春樹「ソ連システムの挑戦とコスト」（一九九八年）は、体制維持の経常的コストのほか、「世界革命」の支援や経済援助などの「ソ連システムとそのイメージ」を維持するための特殊ソ連的なコストをも数量的に把握しようとした意欲的論考ですが、システム創出上のそれや中長期的影響については残念ながらオミットされています（和田 1998）。そもそもそのようなものが正確に把握できるのか、という根本的な困難も存在しますが。

ある過去の問題行動が、明示的な形で禍根を残し、未来を呪縛し続けることは、しばしば「負の遺産」と呼ばれます。「負の遺産」とされるものはユネスコの「世界文化遺産」の中にもいくつか含まれていますが。これらの扱いはなかなか扱いが難しいところがあります。そもそも「世界文化遺産」の推薦主体は個々の政府ですから、よほどの事情がない限り、自らの威信を棄損するようなものは取り上げません。「原爆ドーム」にしろ、「アウシュヴィッツ・ビルケナウ収容所」にしろ、それらの持つ普遍的価値は争い難いとは言え、そもそもそれらが「世界文化遺産」に申請されたのは、現地の現在の政治権力（後者の場合はポーランド）が、加害者ではなく被害者として自己規定しているからでしょう。ゆえに「フクシマ」はもちろんのこと、「チェルノブイリ」すらも、現状では「世界文化遺産」登録への道のりはかなり遠いように感じられます。

この意味で、ロシアにおいて一九九二年に「世界文化遺産」登録された「ソロヴェツキー諸島の歴史的・文化的遺産群」はなかなか興味深い性格を持っていると言えます。ソロヴェツキー諸島（通称ソロフキ）は、北西ロシア、白海に浮かぶ極北の群島です。ここには一五世紀に修道院が建設されましたが、立地上、常に外敵（当初はスウェーデン）に対する前哨基地の役割を兼ねていました。一七世紀になると同島は、典礼改革に伴って生まれたロシア正教内の少数派（古儀式派）の拠点となり、正教会主流派に武装抵抗します。この反乱は結局鎮圧されましたが、抵抗の歴史の伝説化が始まり、修道院は聖性をまとい始めます。一九世紀半ばにも同修道院は、クリミア戦争で来攻したイギリス艦隊の攻撃をはねのけ、「祖国防衛」の象徴ともなりました。こうした経緯からソロヴェ

【図 14】 （左）ソロヴェツキー修道院；（右）モスクワ・ルビャンカ広場の「ソロフキの石」（後ろは旧政治警察本部）

ツキー修道院は、帝政末期から全国から巡礼者が来訪する「ロシアのアトス山」となります（高橋 2018: 357-359）。

しかし、「ソロフキ」の名をより強く現代に残すのは、革命直後、ここに政治犯を念頭に置いた最初の「特殊目的収容所」が設置され、ソヴィエト体制下における「強制労働収容所《ラーゲリ》」の代名詞的存在になったことです。もちろん、この近すぎる過去は「世界文化遺産」登録の直接的根拠にはなっていません。しかし同島を訪れる人々は、かの地の担う、近くて暗い過去について強い印象を受けざるを得ないのです（高橋 2018: 360-364）。長らくタブーであったスターリン時代の大量抑圧が公然と論じられるようになったソ連末期、それまで政治警察の本部が置かれてきたモスクワ中心部、ルビャンカ広場の片隅に、犠牲者慰霊の記念碑としてソロヴェツキー諸島から運ばれた石が据えられました。この「ソロフキの石」は、政治警察が「ロシア連邦保安庁」になった現在もその前に鎮座しています（以上、【図14】）。

ソ連史最大の暗部であるスターリン体制下の大量抑圧、いわゆる「大テロル」は、体制転換を超えて現代ロシアでもなおもデリケートな問題であり続けています。二〇一七年の「革命一〇〇年」に際しては、初めて政府主導で粛清犠牲者追悼の碑（通称「嘆きの壁」）が設置されましたが（『朝日新聞』二〇一七年一一月一日）、同年末、現役の連邦保安庁長官がスターリン時代の大量抑圧を正当化する発言をして、科学者らが公開書簡で抗議する騒動がありました（「AFP BB ニュース」二〇一七年一二月二四日）。主に政治的配慮から、「大テロル」に関する史料閲覧上の制限がロシアではまだ残っていますが、ウクライナでは最近完全解除されたようです。同国では、ソ連時代の政治的暴力を、当時の連邦中央＝モスクワからの「被害」の歴史として捉えなおそうとしているのかもしれません。

二〇世紀も後半に入り、それまでの近代主義的な価値観が揺らいでくるのと並行して、深刻な問題として浮上したのは「開発」の弊害、すなわち環境破壊や公害でした。かつて冷戦華やかなりし時には、これらの主たる原因は営利の追求であるがゆえに資本主義に固有のものであり、社会主義的な計画経済を採用しているソ連には無縁で、この面でも資本主義を超克しているという言説が存在していました。もちろん、現実の計画経済は全く万能ではありませんでしたし、私企業であろうと国営企業であろうと「開発」と「成長」を一義的に追求した場合の結果は似かよってきますから、ソ連にも公害や環境破壊は存在しましたし、その事実は体制後期には徐々に明るみに出るようになりました。しかし現在では、チェルノブイリ原発事故などのインパクトから、旧ソ連のような集権

【図15】 バイカル湖

的で専断的な体制こそ恐るべき規模で環境破壊を行い、公害をまき散らしたというイメージこそが一般的なのではないでしょうか。

ロシアにおける環境破壊の問題は、「世界自然遺産」に認定されたバイカル湖が、その後まもなく「危機遺産」に指定されるという事態をもって、世界遺産の問題とも結びつきます。東シベリアのバイカル湖は、世界で最も深く、かつ世界屈指の透明度を誇る美しい湖として有名です（【図15】）。この湖が「世界自然遺産」に認定されたのは、ソ連解体後の一九九六年ですが、実は後期ソ連時代から深刻な環境破壊の危機に見舞われていました。

徳永昌弘『二〇世紀ロシアの開発と環境』（北海道大学出版会、二〇一三年）は、まさにこの「バイカル問題」を中心に旧ソ連～現代ロシアの公害・環境問題を扱った著作です。同著によれば、バイカル湖の開発は、まず唯一の流出河川であるアンガラ川流域のそれとして、戦後ソ連のシベリア開発計画の中の目玉企画として始まりました。この結果、それまで開発が相対的に遅れていた東シベリア地域に次々と産業都市が生まれることになります（ちなみに我々、「第二次ベビーブーム」世代が受けた中学校レヴェルの地理教育の「ソ連」の単元では、確かに「アンガラ＝バイカル・コンビナート」が主要工業地として含まれていました。ご記憶の方も多いかもしれません）。このような初期の成功を背景として、一九五〇年代末に、バイカル湖畔にセルロース・製紙工場を建設する計画が持ち上がることになります（徳永 2013: 217-224; 同 2017: 67-69）。

本書が明らかにしている興味深い事実は、このような計画が公表されるとほとんど即座に環境面への懸念が表明され、マスメディアをも巻き込み、開発と環境の調和をめぐる激しいやり取りが行われたことです。最終的に計画は承認され、六六年冬に工場は操業を開始しますが、その後も論争は続きました。七〇年代に入って異論がやや下火になった理由として、同書は事業の安定化と当局の情報管理の強化を挙げています。しかし八〇年代半ばに、それまでの主力製品の生産中止と家具製造への事業転換が提起されると、ペレストロイカの本格化という背景もあって、再び環境保護の機運が高まります。結局この紛争は体制転換をまたいで継続されるのですが、「世界自然遺産」、ついで「危機遺産」への認定はまさにこの時期のことでした。事業転換をめぐる論争は、結局二〇〇八年に既存の生産工程を維持しつつ、環境に配慮した給排水システムを導入するという方針に落ち着きましたが、「リーマン・ショック」に端を発する世界規模の金融危機によって同工場はあえなく経営破綻してしまいます。しばらく経営再建と生産再開が模索されましたが、二〇一三年、最終的に工場は閉鎖されました。実に半世紀以上の紆余曲折があったわけです（徳永 2013: 224-243, 251-276, 283-317; 同 2017: 69-72）

権力、企業体、知識人、マスコミ、そして地元住民がそれぞれの立場から激しい駆け引きを展開するという、本書が明らかにする「バイカル問題」の経緯は、日本を含む、他所での公害、環境問題の事例とあまり変わらないように感じられます。確かに本書は、当時の有力政治家の「推進派」支持や当局による情報管理の強化などにも言及しています。しかし、これらは昭和の日本でも決して珍しくなかったことで、むしろ後期ソ連における社会運動の活力や、予想以上に自律的なマスコミの動きなどに驚かれる方のほうが多いのではないでしょうか。ソ連と日本は、体制の違い、あるいは直接的な目標の違いこそあれ、両者とも、「開発」と「成長」に邁進する同じ「二〇世紀」を確実に共有し、同じ問題状況に直面していたのです。

ソヴィエト体制と環境という問題に関して、初期ソ連研究者の私にはずっと前から引っかかっている文書があります。それは、一九二〇年代半ばの農村党組織が近隣の農民たちにいかなる働きかけを行うべきかについての手引書《マニュアル》なのですが、その「森林宣伝（лесопропаганда）」なる項目には次なる一節があります：

…森林宣伝の目的は、農民に自然についての正しい科学的理解を教え込むということだけではなく、水分保持や、窪地・砂地・川岸の補強、農村小工業、国防、軍事行動時の偽装、等々における森林の実際的意義を明らかにすることでもある。…「森林の日」には、農民に、火災の予防装置としての木材の重要性を明らかにすることが必要である。地方農民の生活における木材の役割と重要性を示す木材展示会を行い、展示会で森林関連の優秀な働き手を顕彰するのも良い。

(Агитация и пропаганда 1925: 100)

古代ギリシアしかり、近世以降のヨーロッパしかり、人類の歴史において「文明」はしばしば森林を激しく破壊してきました。しかし、特に近代において「文明」は、伝統的な「未開」の闇に光をもたらし、偶然と迷信に対して科学的合理性と予見性を対置しようとするものでもありました。前述の森林宣伝の論調も、伝統的なロシア農民の野放図な森林伐採を統制し、彼らを啓蒙しつつ、森林の合理的・科学的な管理に努めようとする「開明的な」政治権力のそれです。このような初発の姿勢が、どのような経緯をもって後の大規模な環境破壊へとつながっていくのか。ここには、価値の相対化やパラダイム転換といったものに単純には収めきれない、巨大な問題が存在しているように思われます。

五．終わりに

二〇一七年はちょうどロシア革命から一〇〇年の年でした。それを記念して、我々ロシア・ソ連史研究者もシリーズ『ロシア革命とソ連の世紀』全五巻（岩波書店、二〇一七年）を企画・刊行しましたが、他にも様々な著作が刊行されました。しかし、とりわけ一般向けの著作については、池田嘉郎『ロシア革命――破局の八か月』（岩波新書）などの少数の重要な例外を除けば、やや「粗製乱造」の印象を免れませんでした（近年の「新書ブーム」の影響ももちろんあります）。ロシア・ソ連史のように、言語の特殊性から一般に若干敷居が高く感じられる分野では、国内の出版市場において「悪貨が良貨を駆逐する」状況が早くから指摘されていましたが、それは現在でもあまり変わらないようです。一方で、今はもうこの世に存在しない体制であるソ連についての社会的関心は、この「革命一〇〇年」もある程度は追い風となって、静かな高まりを見せているようです。しかしながら、ソ連時代を全く知らない若者を含む、現代の読者が関心を抱き、時には称揚すらするソ連というのは、言わば「奇妙な過去」として「異化」されたソ連に留まっているのではないでしょうか。

ラナ・サトル著、ワンダーJAPAN編『旧ソ連遺産』（三才ブックス、二〇一七年）はやや謎めいた本です。ほぼ写真のみで構成されており、キャプションも最小限でクレジットも曖昧です。表紙にロシア語で、おそらく原著者（ロシア人の女性）がつけた《РУИНЫ СОВЕТСКОГО НАСЛЕДИЯ（ソヴィエト遺産の廃墟）》というタイトルがあることから、ようやく近年の日本で言うところの「廃墟マニア」向けの本であることがわかります（欧米では"Urbex〔Urban exploration＝都市探検〕"というジャンルになるようです）。つまりは「趣味的」なソ連本の一つなのですが、ここで本書を取り上げたのは、その「興味本位」を揶揄するためではありません。と言うのは、本書の内容には、一種の芸術作品にも似て、旧ソ連の本質に迫る素材が含まれているように感じられるからです。絶滅した白亜紀の恐竜のごとき、巨大で威圧的な産業施設の遺構の数々は、まさに「重化学工業時代の社会工学的ユートピア」（石井 一九九三）の成れの果てです。特に、建設途中で放棄された原子力発電所など、核関連施設の写真は異様な迫力があります。原著者・発行者の本来の意図とは異なるかもしれませんが、本書は、旧ソ連の「遺産」の本質的部分に確実に肉薄していると思います。こうした視覚的、感覚的インパクトを冷静に言葉に置き換え、歴史的な理解へとつなげていくことこそが今後の課題でしょう。

もう一冊、ロシア語からの翻訳になりますが、『メイド・イン・ソビエト』という本が昨年出ました（原著は二〇一二年刊）。こちらも一般向けで、厳密な典拠注も振られていませんが、様々な日用品を切り口に、今やロシアでも忘れ去られつつある旧ソ連時代の生活を振り返る、一種の日常史的な試みとなっています。最後にこの本の中から、私にとって特に印象に残り、本日のお話の趣旨にも関連すると思われる一節を紹介して結びとしたいと思います：

「ソ連は超一流のロケットを作り、驚異的な科学技術を次々と現実のものとした。だが、消費財、とりわけ生活家電はすべてがとてつもなくひどかった」。こうした根強い定説がある。ソ連の家電製品はたしかに不格好で、機能的でもなかった。しかし、その多くは別荘《ダーチャ》の片すみできょうも快調に動いている。一方、最新型の美しい輸入家電は保証期間が切れる前に壊れてしまう。まあ、これは驚くほどのことではない。最新の家電が長持ちしてはいけないのだ。壊れなければ、誰が新しいものを買うというのか。掃除機などのソ連製家電は超長期間の使用を想定して生産されたのである。

（コレヴァ、イヴァシコヴァ 2018: 188）

この文章には、体制転換後、現代資本主義の渦に巻き込まれ翻弄された（そしておそらくは今も翻弄され続けている）現代のロシア人のソ連ノスタルジーが感じられます。しかし、我々現代の日本人にとっても、妙に共感できるところがあります。

ソ連は冷戦下に軍備を充実させ、七〇年代半ばにアメリカとの「核均衡」を達成しましたが、経済的には成長が鈍化し、いわゆる「停滞の時代」へと向かいます。結果として、特定分野で高度に発展した技術的成果は、日常生活までほとんど還元されることはありませんでした。一方資本主義諸国は、二度のオイルショックをも奇貨として技術革新を進め、品質と生産効率を向上させ、新たな消費分野を開拓していきます。その中でかつての敗戦国日本は、世界経済をけん引する立場にまで経済力を高めていきました。この上り調子だった時期の日本製品も耐久性があり、それらの多くは今も現役で稼働しています。当時のソ連製品と日本製品では、品質やデザイン面で著しい相違があったのは事実ですが、耐久性では共通しており、それはまだ耐久性も「質」の重要な構成要因だった時代のことでした。ソ連と日本は、現代の高度資本主義との関係性においては、同じ「二〇世紀」的位相を少なからず共有していたと言えるでしょう。

我々がどこから来て、どのように現在の地点に至ったのかを知ることなしには、これからどこに行くのかを展望することはできません。ゆえに、今やこの世から消え、完全に歴史的存在となったソ連について研究することは、我々と同じ近い過去、同じ「現代史」を共有していたパートナーの在り方を正しく知るという意味でいまだアクチュアルな意義を持ち続けていると言えるでしょう（溪内 1995）。ここまでのお話との関係で言えば、そのような過去をより正しく復元し、その意味を現代、そして次なる世代へと伝えようとする真摯な歴史的営為こそが、未来への最大の「遺産」となり得るのかもしれません。

注

（1）以下、ロシア・ソ連の歴史についての概観については、特記なき限り、和田春樹編『新版世界各国史22　ロシア史』（山川出版社、二〇〇二年）、および松戸清裕『ソ連史』（ちくま新書、二〇一一年）によります。いずれも優れたロシア・ソ連史の邦語の概説書です。中村喜和・和田春樹『世界歴史の旅　ロシア』（山川出版社、二〇一三年）も、いわゆる「両首都」中心ですが、観光ガイド的性格を併せ持った好著です。

【参考文献一覧】

Л. Н. Доронина (2017) Памятки Москвы. Москва.

Агитпроп ЦК РКП (б) (1925) Агитация и пропаганда в деревне. Пособие для деревенских ячеек РКП и РЛКСМ, изб-читален и шефских коллективов. Ленинград.

Всемирное наследие России / World Heritage of Russia (2012) Москва.

Sheila Fitzpatrick (1970) *The Commissariat of Enlightenment: Soviet Organization of Education and the Arts, October 1917-1921*, Cambridge University Press.

――（1974）The “Soft” Line on Culture and its Enemies: Soviet Cultural Policy, 1922-1927, *Slavic Review*, Vol.33, No.2.

Eszter Steierhoffer ed. (2019) *Imagine Moscow: Architecture, Propaganda, Revolution*, 2nd Edition, London.

Alexei Tarkhanov and Sergei Kavtaradze (1992) *Architecture of the Stalinist Era*, New York.

浅岡善治（二〇一七）「社会主義革命とユートピアの行方」松戸清裕・浅岡善治・池田嘉郎・宇山智彦・中嶋毅・松井康浩編『ロシア革命とソ連の世紀』第四巻、岩波書店。

池田嘉郎（二〇〇九）「スターリンのモスクワ改造」都市史研究会編『年報都市史研究：現代都市類型の創出』16、山川出版社。

石井規衛（一九九五）『文明としてのソ連――初期現代の終焉』山川出版社。

マリーナ・コレヴァ、タチヤナ・イヴァシコヴァ（二〇一七）『メイド・イン・ソビエト――二十世紀ロシアの生活図鑑』神長英輔・大野斉子訳、水声社。

ラナ・サトル著、ワンダーJAPAN編（二〇一七）『旧ソ連遺産』三才ブックス。

佐藤信編（二〇〇五）『世界遺産と歴史学』山川出版社。

下斗米伸夫（一九九四）『スターリンと都市モスクワ』岩波書店。

四方田雅史・加藤裕治編（二〇一八）『中東欧文化遺産への招待――ポーランド、チェコ、旧東ドイツを歩く』青弓社。

高橋沙奈美（二〇一八）『ソヴィエト・ロシアの聖なる景観――社会主義体制下の宗教文化財、ツーリズム、ナショナリズム』北海道大学出版会。

溪内謙（一九九五）『現代史を学ぶ』岩波新書。

「地球の歩き方」編集室（二〇一八）『地球の歩き方A31　ロシア　二〇一八―二〇一九年度版』ダイヤモンド・ビッグ社。

徳永昌弘（二〇一三）『二〇世紀ロシアの環境と開発――「バイカル問題」の政治経済学的分析』北海道大学出版会。

――（二〇一七）「経済開発と公害・環境問題」松戸清裕・浅岡善治・池田嘉郎・宇山智彦・中嶋毅・松井康浩編『ロシア革命とソ連の世紀』第三巻、岩波書店。

富田武（二〇一六）「レーニン――後進国ロシアを社会主義の道へ」下斗米伸夫編『ロシアの歴史を知るための五〇章』明石書店。

中村喜和・和田春樹（二〇一三）『世界歴史の旅　ロシア』山川出版社。

リシャット・ムラギルディン（二〇〇二）『ロシア建築案内』高橋純平訳、TOTO出版。

松戸清裕（二〇一一）『ソ連史』ちくま新書。

ユネスコ世界遺産センター監修（一九九八）『ユネスコ世界遺産四　東アジア・ロシア』講談社。

ジョン・リード（二〇一八）『世界を揺るがした一〇日間』伊藤真訳、光文社古典新訳文庫。

和田春樹（一九九八）「ソ連システムの挑戦とコスト」東京大学社会科学研究所編『二〇世紀システム1　構想と形成』東京大学出版会。

――編（二〇〇二）『新版世界各国史22　ロシア史』山川出版社。

見えない、聞こえない
表現から考える
「遺産」としての文法

島越郎

5 見えない、聞こえない表現から考える「遺産」としての文法

島　越　郎

一．はじめに

著者が東北大学で担当する「英語学概論」の授業で副読本として使っている『英文法解説』（江川泰一郎・金子書房）の中に、形容詞の用法に関する次のような解説があります。

「君たちはこの川で泳ぐのは危険です」という文を高校のクラスで英訳させると、必ず何人かの生徒は次のように書くはずである。

You are dangerous to swim in this river.　〈誤〉

これでは前半の You are dangerous が「君たちは危険（な人間）です」となり、（You が泳ぐと他人に危険を与えると解さない限り）文意は成立しない。

この種の誤りは大学生にも時折見られます。正しくは、This river is dangerous to swim in. です。ここでのポイントは、難易や快不快を表す形容詞 dangerous, comfortable, easy, difficult 等々の使い方です。これらの形容詞の後に不定詞節が生起する場合、文頭の主語は不定詞節内の動詞の目的語に対応します。英語を外国語として学ぶ日本人にとって、この様な形容詞の使い方は難しく、しばしば間違います。では、次のような日本文はどうでしょうか？

(1)
a. あの国は、すぐに攻めやすい。
b. あの国は、すぐに攻めたがる。

日本語を母語としている者ならば、(1a) における文頭の「あの国」は「攻める」の目的語に対応し、他方、(1b) の「あの国」は「攻める」の主語に対応するのが分かります。この違いは、親から、また、学校で教わっていないにもかかわらず、日本人は既に理解しているのです。

このように、自分の母語については意識的に勉強もせずに分かるが、その他の言葉については一生懸命努力して勉強してもなかなか身につかないということは誰もが経験することです。これはどうしてでしょうか？ この問題に対して、言語学者ノーム・チョムスキー (Noam Chomsky) は、「ヒトには、自分が生まれ育った環境で話されている言葉を母語として獲得する能力が、生まれながらに備わっている」と考えました。この様な能力は普遍文法（または言語能力）と呼ばれ、脳の構造の一部に精神機能を司る心的器官として存在すると考えられています。この普遍文法に対して初期データーである言葉が作用することにより、日本語や英語などの個別言語に関する規則の体系である個別文法が産み出されます。この考えを図式化すると次のようになります。

(2) 初期データーとしての言葉 → 普遍文法 → 個別文法

この考えによると、日本人が日本語の文法を獲得するのは、初期データーが偶々日本語であったからに過ぎません。両親が日本人であっても、生まれ育った環境が英語であった場合、初期データーが英語であるため、英語の文法を獲得することになります。また、このプロセスは幼児期の極めて短い期間に無意識に行われ、得られた個別文法の知識も自覚的な知識ではなく、無自覚な知識です。それは、我々が自分の心臓を使って血液を身体全体に循環させることはできるが、心臓の働き方に関する知識は自覚していないことと同じです。そのため、日本語の文法を獲得した者は、(1a,b)の解釈の違いを直感的に理解できますが、そのような違いが何故生じるのかという理由については分かりません。

(2)の考えを踏まえた場合、言語学者にとっての究極の課題は、人類が先天的に兼ね備えている普遍文法の正体を明らかにすることです。この課題に取り組むに当たり、初期データーの言葉から研究を開始することはできません。何故なら、言語獲得の最中である幼児に「何を初期データーとして使用しているのか？」とは問えないからです。そうすると、個別文法から普遍文法に迫るしか方法がありません。但し、先程も申したように、個別文法に関する知識は無自覚な知識です。英語を母語とする話者に、「"You are dangerous to swim in this river."という文は、『君たちはこの川で泳ぐのは危険です』と解釈できない理由は何か？」と質問しても、満足できる答えは得られません。それは、日本語を母語としている者が、(1a,b)の違いについて納得のいく説明ができないのと同じです。つまり、母語話者が言語学者に提供してくれる情報は、個別の文に関する直感的な判断に過ぎません。つまり、ある文が日本語（あるいは、英語）として許されるかどうか？また、ある文がどの様な解釈を持ちうるのか？というような判断です。この様な文に関する判断をなるべく多く分析し、それらを整合的・統一的に説明することにより、我々が直に接することができない普遍文法に少しずつ近づくしかありません。この地道な営みこそが、言語学者の研究なのです。

本稿では、英語を母語とする話者が提供する判断を手がかりに、普遍文法の解明に迫ろうとする言語研究を紹介したいと思います。具体的に見る言語現象は、省略と不定詞に関する研究です。省略については、次頁の(3)のような文を考察します。

(3) John ate an apple, and Mary did too.
（訳：ジョンはりんごを食べ、メアリーも食べた。）

(4) John ate an apple, and Mary did it too.
（訳：ジョンはりんごを食べ、メアリーもそうした。）

この(3)の文では、等位接続詞andの後の文における助動詞didの後で、動詞とその目的語から成る動詞句eat an appleが省略されています。この様な文は動詞句省略文と呼ばれています。省略が許されるのは、先行文中に同じ表現が存在し、同じ表現の繰り返しを避けるためです。例えば、(3)では、1文目にate an appleが生起するため、これを2文目で繰り返すのは非効率的です。コミュニケーションにおける効率性を高めるために、2文目における動詞句を省略しています。このような機能を持つ表現は省略に限りません。(4)の文でも見られます。(4)の2文目には代名詞itが生起し、この代名詞が1文目のate an appleを先行詞に取ります。(3)の省略と同様、(4)における代名詞も繰り返しを避けることにより、言語表現の冗長性を削減する機能を持ちます。では、同じ機能を持つ省略と代名詞ではどのような違いがあるのでしょうか？　また、(3)において省略箇所の前に助動詞didが何故生起するのでしょうか？　更に、省略箇所と先行詞とはどの程度の同一性が要求されるのでしょうか？

この様な問題について2節で考えていきます。

(5) a. Mary offered to show us the way.
(訳：メアリーは、我々に道を教えようと申し出た。)
b. Tom seems to be shocked.
(訳：トムは、ショックを受けているようだ。)

次に、3節では、(5)のような不定詞を含む文を考察します。これらの文において、不定詞節内の意味上の主語は文頭の主語に対応します。例えば、(5a)では、不定詞節内の動詞 show の主語は、文の主語である Mary であると解釈されます。何故この様な意味的対応関係が許されるのでしょうか？そもそも、不定詞節の主語は本当に存在しないのでしょうか？もし存在するとすれば、(3)の動詞句省略文と同様に、不定詞節の主語が省略されるのでしょうか？それとも、何か別のプロセスが係わっているのでしょうか？この様な問題を3節で考察します。

省略と不定詞節の主語はどちらも、発音されない、目には見えない表現です。これらの表現に関する規則が存在するとすれば、それらは経験のみを通して得ることは難しい規則です。なぜなら、母語を獲得している段階にある幼児が、音には聞こえず、目には見えない表現に関する規則を、親の教育により後天的に学習するとは考えられないからです。これらの発音されない表現に課せられる何らかの規則が存在するならば、その規則は人類が先天的に兼ね備えた普遍文法に由来する可能性が非常に高いと考えられます。そのため、省略と不定詞節の主語に関する現象を考察することは、英語という個別文法に関する研究だけでなく、普遍文法に関する研究にも繋がります。

「普遍文法を構成する規則とは、どの様な規則なのか?」という問題に答えることは重要な研究課題ですが、もう一つの問題として、「人類は、どのように普遍文法を獲得したのか?」という問題があります。これは、「他の生物とは異なり、何故、人類だけが言葉を使えるようになったのか?」という問題です。チンパンジーも言葉を使えるという研究もありますが、チンパンジーの言葉は簡単なことしか表現できません。他方、人類の言葉は極めて複雑な事象も表現できます。例えば、仮定法と呼ばれる表現は現実に起きていない事象を表しますが、チンパンジーの言葉には仮定法は存在しません。「チンパンジーではなく、我々人類の頭の中で、普遍文法がどのように生まれたのか?」という問題は、人類の起源を考える上でも、非常に興味深い問題です。本稿の最後では、この普遍文法の起源に関する一つの推論を紹介することにより、普遍文法が我々人類にとっての「遺産」であると思われる理由を述べたいと思います。

それでは、先ず、動詞句省略文に関する話から始めましょう。

二. 動詞句省略

(一) 省略と代名詞の違い

省略と代名詞は言語表現の冗長性を削減する機能を共に持ちますが、両者には異なる特徴もある

(6)	[Hankamer attempts to stuff a 9-inch ball through a 6-inch hoop] Sag: It 's not clear that you'll be able to do it. （訳：あなたが、そうできるのか明らかではない。）	
(7)	[Hankamer attempts to stuff a 9-inch ball through a 6-inch hoop] Sag:# It 's not clear that you'll be able to. （訳：あなたが、できるのか明らかではない。）	
(8)	Hankamer: I am going to stuff this ball through this hoop. （訳：私は、このボールをこの輪に詰め込むぞ。） Sag: It' s not clear that you'll be able to.	

ことがHankamer and Sag (1976)の研究で指摘されています。代名詞の場合、先行詞が言語的文脈の中に存在する必要はなく、非言語的文脈に依存して了解される場合もあります。上の例文を見てみましょう。(6)では、括弧の部分が9インチのボールを6インチの輪に詰め込もうとしている場面を表しています。この場面を、(6)における代名詞itが先行詞とすることができます。同じ場面において、動詞句を省略した文が(7)です。(7)の文に付けられた#記号は、当該の場面において動詞句を省略できないことを示しています。一方、(8)の文が示す様に、動詞句省略の先行詞が対話相手の発話中に存在する場合、動詞句省略は許されます。この(7)と(8)の対比より、動詞句省略では先行詞が言語表現として必ず存在しなければならないことが分かります。

このように、動詞句省略と代名詞には異なる特徴が見られます。ハンカマーとサグは、この違いの原因が両者の「成り立ち」にあると考えました。動詞句省略文では、省略箇所に元々存在していた動詞句が削除により取り除かれることにより省略文が造られます。削除という操作は、先行文において同一の動詞句が生起する場合にのみ許されます。つまり、先行詞との形の同一性に基づいて削除の可否が決まります。例えば、(8)では、be able to の後に動詞句 stuff this ball through this hoop が元々存在していたわけですが、先行文中に同一の動詞句が生起するため、be able to 以下の動詞句を削除できます。一方、(7)では、be able to の後の動詞句に対応する同一の動詞句が言語表現として先行文脈に存在しません。そのため、(7)における be able to 以下の動詞句を削除できません。削除とは異なり、代名詞は最初から文中に生起します。また、その先行詞は意味に基づいて決まります。従って、先行詞が文脈中に言語表現として生起する必要はありません。文脈中に生起する言語表現以外に、文脈において意味的に含意される要素も代名詞の先行詞になれます。その結果、(6)のように、先行詞が文脈中に言語的に存在しない環境においても代名詞は生起できます。

(9) Nobody else would take the oats down to the bin,
（訳：誰も、そのオート麦をその容器に移すことはない、）
a. so Bill did.（訳：そのため、ビルがやった。）
b. so Bill did it.（訳：そのため、ビルがそうした。）

(10) The oats had to be taken down to the bin,
（訳：そのオート麦が、その容器に移されなければならなかった、）
a. *so Bill did.
b. so Bill did it.

このような省略と代名詞の違いは、上の(9)と(10)のような用例においても見られます。(9)では先行文中の動詞が能動態で、動詞 take の主語 Nobody と目的語 the oats が文中に生起します。この場合、省略と代名詞のどちらも1文目の動詞句 take the oats down to the bin を先行詞に取ることができます。その結果、(9a,b)は共に「ビルがそのオート麦をその容器に移した」と解釈されます。他方、(10)では先行文中の動詞が受動態で、動詞の意味上の目的語である the oats が文の主語として生起します。この場合、(10b)の代名詞を含む文は(9b)と同様に許されますが、(10a)の省略は(9a)とは異なり許されません。（以下、許されない文を＊記号で表します。）(9a)の省略が許されるのは、did の後の動詞句 take the oats down to the bin が、先行文中の同一の動詞句に基づいて削除できるためです。この様な削除は、(10a)では許されません。なぜなら、削除の対象となる動詞句は take the oats down to the bin ですが、先行文中の動詞句は be taken down to the bin であり、形が異なるからです。従って、(10a)の動詞句省略は許されません。省略とは異なり、代名詞の先行詞は意味により決まります。また、先行文中の動詞の態が能動態であれ、受動態であれ、表され

(11) a. John slept, and Mary will too.
(訳：ジョンは眠ったし、メアリーもそうだろう。)
b. John sleeps (every afternoon), and Mary should too.
(訳：ジョンは毎日お昼に眠り、メアリーもそうすべきだ。)
c. John was sleeping, and Mary will too.
(訳：ジョンは眠っていたし、メアリーもそうだろう。)
d. John has slept, and Mary will too.
(訳：ジョンは眠ったところだし、メアリーもそうだろう。)

ている意味は同じです。その結果、(9b)と(10b)の何れにおいても、代名詞 it は先行文中の動詞句の意味を先行詞に取ります。

(二) 動詞の分解

このように、ハンカマーとサグは、先行文中に同一な動詞句が存在する場合に限り動詞句が削除が許され、動詞句省略文が得られると考えました。この考えを踏まえて、上の(11)の文を見てみましょう。これらの文では、助動詞の後で原形動詞 sleep が省略されていますが、先行文中の動詞は原形動詞ではありません。(11a)では過去形の slept、(11b)では三人称・単数・現在時制を表す sleeps、(11c)では進行形の sleeping、(11d)では過去分詞の slept がそれぞれ先行詞であり、省略された原形動詞とは形が異なります。形が違うにもかかわらず、これらの用例において動詞句が削除されるのは何故でしょうか?

この問題に対して、画期的なアイデアを出したのが Chomsky (1957) です。チョムスキーは、これらの先行文中の動詞が最初から1語で文中に生起するのではなく、動詞の本来の意味を表す部分とそれ以外の部分

(12) a. John sleep ed, and Mary will sleep too.
b. John sleep s (every afternoon), and Mary should sleep too.
c. John was sleep ing, and Mary will sleep too.
d. John has sleep ed, and Mary will sleep too.

(13) a. John sleep ed, and Mary will ~~sleep~~ too.
b. John sleep s (every afternoon), and Mary should ~~sleep~~ too.
c. John was sleep ing, and Mary will ~~sleep~~ too.
d. John has sleep ed, and Mary will ~~sleep~~ too.

が別々に文中に導入されると考えました。この考えによると、(11)の省略文の元々の形は上の(12)のようになります。(12a)では、過去時制を表すedと動詞sleepが別々に生起しています。同様に、(12b)では三人称・単数・現在時制を表すsが、(12c)では進行形を表すingが、(12d)では過去分詞を表すedが、それぞれ動詞sleepから切り離されています。(12)の段階においては、1文目の動詞と2文目の動詞の形が同じです。この段階において、2文目の動詞が削除されます。削除後の文を示したのが(13)ですが、ここでは削除された部分が取消線で示されています。削除の後で、(13)における1文目の動詞とそれ以外の意味を表す部分が合成することにより、(11)が得られます。

(14) a. John slept, and Mary told me that his father did too.
(訳：ジョンは眠り、また、メアリーは私に彼の父もそうしたと言った。)

b. *John slept, and Mary told me that his father too.

(15) John sleep ed, and Mary told me that his father ~~sleep~~ ed too.

(16) John sleep ed, and Mary told me that his father ed too.

このチョムスキーの考えは、(11)に見られる省略箇所と先行詞の同一性の問題を解決するだけでなく、(14)の対比の説明にも使えます。(14a)では、助動詞didの後ろで動詞sleepが省略されています。他方、動詞と助動詞を共に省略した(14b)は、(14a)と同じ意味を表すことができません。(14a)の省略される前の段階を示したのが(15)です。(15)において、1文目の動詞と2文目の動詞の形は同じです。従って、2文目の動詞を削除することにより、上の(16)が得られます。(16)の1文目のedとsleepが結合し、sleptが得られます。他方、2文目では、edが結合する動詞は既に削除されています。ed自体は必ず動詞と結合しなければいけません。この場合、2文目において孤立するedを助けるために、「最後の手段」として意味のない助動詞doが新たに挿入されます。その結果、edとdoの2つ要素よりdidが得られます。このように、動詞句が省略される前の位置に助動詞が必ず生起する事実が説明できます。

(17) a. John's coach thinks he has a chance, and Bill's coach does too.
b. John's coach thinks John has a chance, and Bill's coach does too.

（三）同一性の程度

これまでは、省略文の可否について見てきました。今度は、省略文の解釈について考えてみましょう（Rooth (1992)）。(17a)の1文目に生起する代名詞 heが John を先行詞に取る場合を考えます。この場合、(17a)には2通りの解釈があります。1つは、「ジョンのコーチはジョンにチャンスがあると思い、ビルのコーチもジョンにチャンスがあると思う」という解釈です。ジョンのコーチもビルのコーチも同一の人物であるジョンにチャンスがあると考えており、先行詞と省略箇所の解釈が全く同じになることから、この解釈はストリクト解釈（厳密な解釈）と呼ばれています。もう一つは、それぞれのコーチが自分の教えている選手にチャンスがあると思っているという解釈です。すなわち、「ジョンのコーチは自分の教えている選手であるジョンにチャンスがあると思い、ビルのコーチも自分の教えている選手であるビルにチャンスがあると思う」という解釈です。この解釈は、先行詞と省略箇所における代名詞 heが同一ではない人物を意味するので、スロッピー解釈（緩やかな解釈）と呼ばれています。このように、(17a)の動詞句省略文にはストリクト解釈とスロッピー解釈の2つの解釈があります。他方、(17b)の動詞句省略文には、それぞれのコーチが自分の教えている選手にチャンスがあると思っているという解釈、つまり、ス

(18) a. John's coach think s he has a chance, and Bill's coach think s he has a chance too.
b. John's coach think s John has a chance, and Bill's coach think s John has a chance too.

ロッピー解釈が許されません。許される解釈はストリクト解釈のみです。この解釈の違いは、先行詞と同一の動詞句が助動詞の後で削除されていると考えることにより説明できます。(17)において動詞句が削除される前の段階を示したのが上の(18)です。(18)の2文目のthink以下の部分を削除し、その後、三人称・単数・現在を表すsを助動詞doで「支える」ことにより(17)が得られます。ここで問題となるのは、削除される前の(18)の文です。(18a)では、2文目にも代名詞heが生起します。この代名詞が先行文の主語に含まれるJohnを先行詞に取る場合はストリクト解釈が生じ、また、省略文の主語に含まれるBillを先行詞に取る場合はスロッピー解釈が生じます。他方、(18b)では、2文目に固有名詞Johnが生起します。この場合、ストリクト解釈しか許されません。このように、先行詞と同一の動詞句を削除すると考えることにより、(17)の解釈の違いを説明できます。

(19) John told Bill about himself and George did too.
(20) John tell ed Bill about himself and George tell ed Bill about himself too.

更に、次の動詞句省略文の解釈を考えてみましょう（Williams(1977)）。(19)の1文目には、再帰代名詞と呼ばれる表現himselfが生起しています。この再帰代名詞は、JohnとBillの何れも先行詞に取ることができます。Johnを先行詞に取る場合は「JohnがJohn自身のことについてBillに話した」という意味になり、Billを先行詞に取る場合は「JohnがBillのことについてBill自身に話した」という意味になります。(19)の動詞句が削除される前の段階を示したのが(20)です。(20)の2文目にも再帰代名詞himselfが生起しています。従って、(20)には2つの再帰代名詞が生起します。1文目の再帰代名詞と同様、2文目の再帰代名詞も主語のGeorgeと目的語のBillを先行詞に取ることができます。従って、これら2つの可能性をかけ合わせると、次頁の(21)に示す4つの意味を(19)が表すことができると予測されます。しかし、これらの解釈の内、(19)の解釈として許されるのは、(21a,d)だけです。(21b,c)の解釈は許されません。何故許されないのでしょうか？

この問題を解くヒントは、(19)の文末に生起する副詞tooにあります。このtooは、1文目と2文目が並行的関係にあることを要求します。具体的には、1文目と2文目を構成する要素がそれぞれ並行的に解釈されなければいけません。この場合、特に問題となるのが再帰代名詞の先行詞の取り方です。1文目のhimselfの先行詞が主語となる

(21) a. John told Bill about John and George told Bill about George too.
(訳：ジョンはジョンについてビルに話し、ジョージもジョージについてビルに話した。)
b. John told Bill about Bill and George told Bill about George too.
(訳：ジョンはビルについてビルに話し、ジョージもジョージについてビルに話した。)
c. John told Bill about John and George told Bill about Bill too.
(訳：ジョンはジョンについてビルに話し、ジョージもビルについてビルに話した。)
d. John told Bill about Bill and George told Bill about Bill too.
(訳：ジョンはビルについてビルに話し、ジョージもビルについてビルに話した。)

場合は、2文目のhimselfの先行詞も主語でなければいけません。同様に、1文目のhimselfの先行詞が目的語となる場合は、2文目の先行詞も目的語であることが要求されます。従って、tooにより課された並行条件を満たす(21a,d)の解釈は許されますが、この条件に違反する(21b,c)の解釈は許されません。このように、(19)の用例も、副詞tooの機能を考慮することにより説明できます。

(四) 未解決の問題

このように、先行詞と同一の動詞句を削除することにより動詞句省略文が得られると考えることができます。最後に、この考えにとって問題となる次頁の(22)を見ておきましょう(Schwarz (2000))。話者Bの発話における大文字は、強調するために強く発音される箇所を表しています。この場合、

(22) A: When John had to cook, he didn't want to cook.
(訳：ジョンは料理をしなければならない時、料理をしたくなかった。)
B: When he had to CLEAN, he didn't either.

(23) A: When John had to cook, he didn't want to cook.
B: When he had to CLEAN, he didn't ~~want to cook~~ either.

(24) A: When John had to cook, he didn't want to cook.
B: When he had to CLEAN, he didn't ~~want to clean~~ either.

Bの省略文は、「ジョンは料理をしたくなかった」とは解釈されますが、「ジョンは掃除をしたくなかった」とは解釈されません。この事実も、(23)に示す様に、助動詞didn'tの後に発音されない動詞句が存在することを示します。(23)のBの発話では削除される動詞句が取消線で示されています。この動詞句と同一の動詞句がAの発話に存在します。その結果、Bにおける動詞句削除が許されます。他方、(22)の動詞句省略文が許さない解釈は、(24)で示されます。(23)とは異なり、(24)においては、削除される動詞句と同一の動詞句が先行文に存在しません。その結果、(24)における削除は許されず、(22)の動詞句省略文には「ジョンは掃除をしたくなかった」という解釈がありません。

では、次頁の(25)はどうでしょうか？ (25)の対話文では、Aの発話の不定詞toの後と、Bの発話のdidn'tの後で動詞句が省略されています。1つ目の動詞句省略の先行詞はcookであり、「ジョンは料理をしたくなかった」と解釈されます。他方、Bの発話における省略文は多義的であり、「ジョンは掃除をしたくなかった」という解釈と「ジョンは料理をしたくなかった」という2つの解釈が可能です。動詞句の削除という考

(25) A: When John had to cook, he didn't want to.
（訳：ジョンは料理をしなければならない時、そうしたくなかった。）
B: When he had to CLEAN, he didn't either.
(26) A: When John had to cook, he didn't want to ~~cook~~.
B: When he had to CLEAN, he didn't ~~want to cook~~ either.
(27) A: When John had to cook, he didn't want to ~~cook~~.
B: When he had to CLEAN, he didn't ~~want to clean~~ either.

えによると、(25)が後者の解釈を持つとき、元々の文は(26)になり、AとBの動詞句省略には同一の形を持つ先行詞が存在します。他方、(25B)の省略文が「ジョンは掃除をしたくなかった」と解釈される場合、元々の文は(27)になります。この場合、Bにおける動詞句削除には同一の形を持つ先行詞が存在しません。なお、clean の先行詞が同一発話内の clean であり、want to の先行詞がAにあると考えることはできません。なぜなら、このような先行詞の関係が許されるならば、(24)の削除も許されるはずだからです。しかし、(24)は許されず、(22)の省略文には「ジョンは掃除をしたくなかった」という解釈が存在しません。従って、(25B)の省略文が「ジョンは掃除をしたくなかった」と解釈される事実が説明できません。この問題は現在の研究課題の1つになっています。

(28) a. He served dinner angry at the guests.
b. To serve dinner angry at the guests is bad manners.

三. 不定詞節の主語

(一) 発音されない主語

次に、不定詞節における主語の意味解釈について考えてみましょう。先ずは、(28)の文を見てみましょう(Koster and May (1982))。(28a)では、angry at the guestsが主語heを修飾し、「夕食を出す人」の状態を表しています。つまり、この文は「彼は客に怒った状態で夕食を出した」と解釈されます。同様に、(28b)でも不定詞節内に生起するangry at the guestsが「夕食を出す人」の状態を表しています。ただし、(28a)とは異なり、(28b)では「夕食を出す人」を表す動詞serveの主語が生起していません。それにもかかわらず、(28b)は「客に怒った状態で夕食を出すことはマナーが悪い」と解釈されます。(28b)が表す解釈は、不定詞節には発音されない主語が存在し、この主語をangry at the guestsが修飾していることを示唆します。

不定詞節における発音されない主語は、次頁の(29)における解釈の違いからも覗えます。(29a)では、形容詞cheerfulは主語Johnを修飾できますが、Maryを修飾できません。つまり、この文は、「Johnは陽気な状態で、Maryに御願いした」とは解釈できますが、「JohnがMaryに陽気になるよう御願いした」とは解釈できません。他方、(29b)では、不

(29) a. John pleaded with Mary cheerful.
b. John pleaded with Mary to arrive cheerful.
(30) John pleaded with Mary [e] to arrive cheerful.

定詞節内のcheerfulがMaryを修飾でき、「JohnがMaryに陽気な状態で来るよう御願いした」と解釈できます。この解釈上の違いは、不定詞節には発音されない主語が存在すると考えることにより説明できます。説明の便宜上、不定詞節内の発音されない主語を[e]と表記することにします。この場合、(29b)は(30)のように表すことができます。(30)では、不定詞toの前に動詞arriveの主語が[e]として生起しています。(29a)と同様に、(30)においてもcheerfulは前置詞の目的語Maryを直接修飾できません。しかし、(29a)においてcheerfulが主語Johnを修飾できるように、(30)の不定詞節内においてcheerfulは動詞arriveの主語である[e]を修飾できます。そして、[e]とMaryが同一だとすると、[e]を通じてcheerfulはMaryを修飾することになります。このように、(29)の解釈の違いは、不定詞節内に発音されない主語を考えることにより説明できます。

(二) 照応表現PRO

では、(30)における[e]とMaryの同一性はどの様に説明されるのでしょうか？ 1つの可能性は、削除を使うことです。つまり、(29b)の元々の文においては、不定詞toの前にMaryが生起し、このMaryがwithの目的語と同一であるために削除されたと考えるのです。この考えを示したのが次頁の(31)です。(31)では、削除されたMaryが取り消

(31) John pleaded with Mary ~~Mary~~ to arrive cheerful.
(32) People to serve dinner angry at the guests is bad manners.

し線で示されています。しかし、この考えには問題があります。先ず、削除により(28b)のような文を得ることはできません。(28b)における不定詞節の主語は特定の人物を指すのではなく、人々一般を意味します。そのため、削除を考えた場合、(28b)の元々の文としては(32)のような文が考えられます。(28b)を得るためには、(32)のPeopleを削除する必要がありますが、Peopleの先行詞が不明です。(7-8)でも見たように、削除される要素の先行詞は、必ず言語表現として先行文中に生起していなければいけません。(28b)のような文は先行文の無い文脈においても使用できることを考えると、削除から(28b)を得るという考えには無理があります。

また、不定詞節の主語は削除されるという考えは、次頁の(33)の解釈も説明できません(McCawley (1988))。削除の考えを踏まえると、(33)は次の(34)から得られることになります。(34)では、不定詞toの前に動詞winの主語としてevery contestantが生起し、これと同じ要素が主節動詞expectsの主語として生起しています。2つ目のevery contestantを削除することにより、(33)が得られると考えるわけです。しかし、この削除を使う考えには問題があります。削除により得られた(33)が表す意味と元々の(34)が表す意味が異なるのです。(33)は「全ての競技者が自分が勝つと予想している」と解釈されます。他方、(34)は「全ての競技者が全ての競技者が勝つと予想している」と解釈されます。この解釈は不自然かも

(33) Every contestant expects to win.
(34) Every contestant expects ~~every contestant~~ to win.
(35) Every contestant expects himself to win.
(36) Every contestant$_1$ expects PRO$_1$ to win.

しれませんが、(33)とは異なる解釈であることは明らかです。削除の前と後では基本的な意味が保持され、同じ意味を表します。そのため、(33)とは異なる意味を持つ(34)に削除を適用することにより(33)を得ることはできません。従って、不定詞節の主語を削除により取り除くという考えを採用できません。

(33)の表す意味を考えた場合、同じ意味を表す文は(35)の文です。(35)では、不定詞toの前に動詞winの主語として照応表現の一種であるhimselfが生起しています。このhimselfが主節主語のevery contestantを先行詞に取ることで、「全ての競技者が自分が勝つと予想している」と解釈されます。このことから、(33)においても、toの前に発音されない照応表現が生起し、その表現の先行詞が主節主語であると考えられます。この様な照応表現をPROとし、下付文字でその先行詞を示すことにしましょう。そうすると、(33)は(36)のように表すことができます。(36)では、発音されないPROが動詞winの主語として生起し、その先行詞は同じ下付文字の1を共有する主節主語になります。

この発音されない照応表現PROの考え方は、(28b)や(29b)についても当てはまります。PROを使って(29b)を表すと、次頁の(37)のようになります。(37)では、PROの先行詞が主節主語のJohnではなく、withの目的語のMaryとなります。PROはMaryを指

(37) John pleaded with $Mary_1$ PRO_1 to arrive cheerful.
(38) PRO to serve dinner angry at the guests is bad manners.
(39) They (=People) say that the criminal was arrested.
(40) Mary hates to nominate Tom.
（訳：メアリーは、トムを推薦したくないと思っている。）

すので、PROを修飾するcheerfulはMaryを修飾することになります。また、(28b)は(38)のように表すことができます。(38)におけるPROは、特定の人物を指すわけではなく、人々一般を意味します。これは、(39)の代名詞theyと同じ用法だと考えられます。つまり、(38)のPROも、(39)のtheyと同様に、人々一般を意味すると考えるのです。

このように、不定詞節の主語は削除により取り除かれるのではなく、発音されない照応表現PROが不定詞toの前に元々存在していると考えられます。ただし、不定詞節が動詞の目的語として生起する場合と動詞の主語として生起する場合では、PROの解釈に違いがあります。(38)が示すように、不定詞節が主語として生起する場合、PROには人々一般の解釈が許されます。他方、不定詞節が動詞の目的語として生起する場合、この様な解釈は許されません。例えば、(40)の文では、「Tomを推薦する」人は人々一般ではなく、主節主語のMaryとして必ず解釈されます。

また、不定詞節が動詞の目的語として生起する場合、その動詞に意味的に関係する要素が不定詞節の主語として解釈されます。(36)では、不定詞節が動詞expectの目的語ですが、不定詞節の主語PROはexpectの主語として解釈されます。同

(41) John realized that Mary hated to nominate Tom.
（訳：ジョンは、メアリーがトムを推薦したくないと思っていると理解していた。）

(42) We thought that to nominate Tom would help Mary.

様に、不定詞節が動詞 plead の目的語として生起する(37)では、「懇願する」対象を表す Mary が PRO の主語として解釈されます。不定詞節を目的語として取る動詞に意味的に関連しない要素は、不定詞節の主語として解釈されません。例えば、(41)を見てみましょう。(41)の文では不定詞節が動詞 hated の目的語として生起していますが、不定詞節の主語は hated の主語 Mary として解釈されます。そのため、(41)では、「Tom を推薦する」人は Mary であり、John ではありません。

他方、不定詞節が動詞の主語として生起する(42)では、この様な解釈上の制限は見られません。(42)の文では不定詞節が動詞 help の主語として生起しています。この場合、不定詞節の主語は、help の目的語である Mary 以外に、主節動詞 thought の主語である We としても解釈されます。つまり、(42)では、「Tom を推薦する」人は Mary と We のどちらでも構いません。その結果、この文には、「我々は、我々がトムを推薦することがメアリーを助けることになるだろうと思った」という解釈と「我々は、メアリーがトムを推薦することがメアリーを助けることになるだろうと思った」という2通りの解釈があります。このように、不定詞節が動詞の主語として生起する場合と目的語として生起する場合では、不定詞節内の主語の解釈に違いが見られますが、この違いがどのように説明されるかは研究課題の1つになっています。興味のある方は、島 (2018) を参照してみて下さい。

(三) 主語への繰り上げ移動

最後に、次頁の(43)の文について考えてみましょう。(43)の文でも、動詞 seem の後に不定詞節が生起し、その不定詞節の意味上の主語が主節主語 John に対応しています。今まで見てきた照応表現 PRO の考え方が(43)についても当てはまるように見えます。しかし、この文は、これまで見てきた不定詞節を含む文とは異なる振る舞いを示します。例えば、(43)は(44)の文で言い換えることができます。(44)の文では、動詞 seems の主語位置に仮の主語 It が生起し、動詞に後続する that 節を指しています。このことは、意味的に考えると、(44)の動詞 seem に関連する要素は that 節だけであることを示しています。つまり、「思われる (=seem)」内容が that 節で表されているわけです。(43)と(44)が言い換え可能なので、(43)においても同じ意味関係が成り立つと考えられます。従って、(43)における動詞 seems も、主語の John と意味関係を直接持つわけではありません。他方、今まで見てきた不定詞節を含む文は、仮の主語 It で言い換えることができません。例えば、(33)を(45)のように表すことはできません。動詞 expect は、予測する人と予測される内容の2つが揃って初めて意味的内容が成立します。(45)では、それら2つの意味要素が表されていません。その結果、この文は非文となります。このことから、動詞 expect と不定詞節から成る文に関する(36)のような分析を、(43)に対して適

(43) John seems to be an excellent student.
（訳：ジョンは優秀な学生のようだ。）
(44) It seems that John is an excellent student.
(45) *It expects that every contestant wins.
(46) seems [John to be an excellent student].
(47) John seems [t_{John} to be an excellent student].

用できないことが分かります。

では、(43)において、不定詞節の意味上の主語が主節主語Johnに対応している事実はどのように説明されるのでしょうか? (43)と(44)が同じ意味を表すことから、(43)の文の元々の形は(46)であると考えられます。(46)では、Johnが不定詞toの前に生起し、動詞seemsの主語位置は空になっています。(46)におけるJohnは、不定詞節の主語位置を占め、be an excellent studentの主語として解釈されます。また、(44)のthat節と同様に、(46)の不定詞節も動詞seemsと意味的関係を持ちます。つまり、(46)では、「思われる（=seem）」内容が不定詞節で表されています。(43)が(46)から得られると考えることにより、(43)と(44)が同じ意味を表す事実を捉えることができます。ただし、(46)のままでは文が完成しません。主節の主語位置を埋める必要があります。that節の場合は仮の主語itを使えますが、(46)の不定詞節の場合はitを使うことができません。そのため、最後の手段として、不定詞節の主語Johnが主節の主語位置に移動します。Johnが主節の主語位置に移動した結果、不定詞節の主語位置にはJohnの痕跡が残ります。(47)では、Johnの痕跡をt_{John}で示しています。この痕跡は、発音されません。このように、(43)における不定詞節の意味上の主語が主節主語のJohnに対応している事実は、Johnの主節主語への「繰り上げ」移動により説明できます。このような「繰り上げ」移動が関与する述語には、seem以外に、形容詞のcertain, sureや動詞のappear, turn out, happen等があり、これらの述語は「繰り上げ述語」と呼ばれています。

四．結び

本稿では、英語における動詞句省略と不定詞節の主語に関する現象を考察してきました。どちらも、発音されない、目には見えない現象ですが、英語を母語とする者ならば誰でも、これらの表現の可否と表す意味を一律に判断できます。このような見えない、聞こえない言語表現に関する規則を、幼児が親から教わったとは考えられません。これらの規則は、人類が先天的に兼ね備えた、母語を獲得する能力である普遍文法に由来すると考えられます。

最後に、普遍文法自体の起源について少し触れたいと思います。Chomsky (2012)は、普遍文法の一番基本的な部分は、7万年か6万年、あるいは10万年前くらいに、遺伝子の小さな変化により脳の配線が微妙に組み替えられた結果、人類が獲得したと推論しています。普遍文法の一番基本的な部分とは、単語と単語からより大きな構造体を形成する「併合」と呼ばれる操作です。例えば、動詞とその目的語を併合することにより動詞句という構造体を形成します。また、この動詞句に時制

(48) [$_{\gamma}$ John + [$_{\beta}$ ed + [$_{\alpha}$ love + Mary]]]

要素が併合されます。更に、その結果できた構造体に主語が併合され文が形成されます。これを図式化すると(48)のようになります。(48)では、先ず、動詞 love と目的語 Mary が併合され（+の記号で表しています）、この2つの要素からなる構造体 α を形成します。次に、この α に時制要素の ed が併合され、より大きな構造体 β が形成されます。最後に、β に主語 John が併合され、文を表す構造体 γ ができあがります。この構造体は、文が単語の単なる連続から成り立っているのではなく、いくつかの単語の纏まりから成り立っていることを示しています。

(48)は次頁の(49)のように表すこともできます。(49)は樹形図と呼ばれていますが、この図において、動詞 love は目的語 Mary と1つの纏まり α を形成しています。この α という纏まりを省略した文が、二節で詳しく見た動詞句省略文です。α が省略され、また、時制要素 ed に助動詞 do が挿入されることにより、主語 John と助動詞 did が残留要素となります（Tom loved Mary and John did too.）。他方、(49)において、動詞 love は主語 John と纏まりを形成していません。そのため、主語 John と動詞 love のみを省略して、助動詞 did と目的語 Mary を残留要素とする省略文を作ることができません（*Tom loved Jane and did Mary too.）。このように、併合操作により形成される単語と単語の纏まりを仮定することにより、動詞とその目的語の省略は許されるが、動詞とその主語の省略は許されないという基本的な言語

(49)

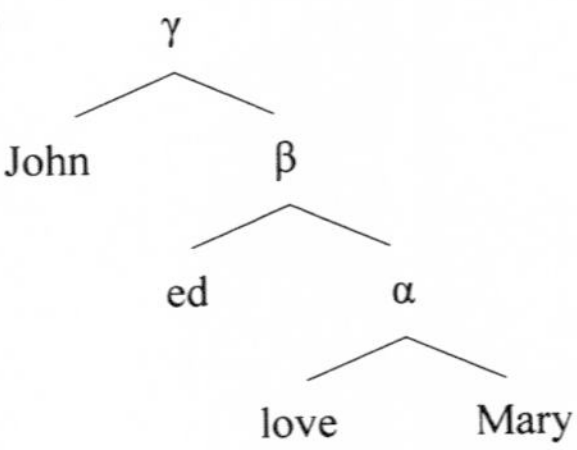

事実を説明できます。また、単語と単語を結合する併合操作を繰り返し適用することにより、より大きな、複雑な構造体を形成することができます。このことは、単語の数は有限であるにもかかわらず、そこから無限の数の文を作り出すことができることを意味します。これこそが人間の言葉である自然言語の最大の特徴ですが、併合操作はこの特徴を捉えることができるのです。

チョムスキーは、人類が併合操作とその適用から得られる構造体を獲得することにより、他の生物には及びもつかない複雑な方法で思考し、計画を立て、物事に解釈を与えられるようになり、その結果、大規模な文化的大変革が起きたと推測しています。更に、チョムスキーによると、このような大躍進は高々1万年程度という、進化的時間のスケールで言えば無に等しい一瞬で起き、その後の人類の歴史においてはこれほどの変化は起きていません。この推測が正しいとすると、人類史上に起きた農業革命、都市革命、工業革命と呼ばれる歴史上の変革の全ては、7万年か6万年に人類が獲得した普遍文法を基盤に起きたと言えます。そうすると、普遍文法こそが、顕著な普遍的価値を有する「世界遺産」と思えてきます。

参考文献

Chomsky, Noam (1957) *Syntactic Structures*, Mouton, The Hague.

Chomsky, Noam (2012) *The Science of Language: Interviews with James McGilvray*, Cambridge University Press.

Hankamer, Jorge and Ivan A. Sag (1976) "Deep and Surface Anaphora," *Linguistic Inquiry* 7, 391–426.

Koster, Jan and Robert May (1982) "On the Constituency of Infinitives," *Language* 58, 117–143.

McCawley, James D. (1988) *The Syntactic Phenomena of English*, Chicago University Press.

Rooth, Mats E. (1992) "Ellipsis Redundancy and Reduction Redundancy," *Proceedings of the Stuttgart Ellipsis Workshop*.

Schwarz, Bernhard (2000) *Topics in Ellipsis*, Doctoral dissertation, University of Massachusetts, Amherst.

Williams, Edwin S. (1977) "Discourse and Logical Form," *Linguistic Inquiry* 8, 101–139.

島越郎 (2018)「コントロールとフェイズ」『東北大学文学研究科研究年報』67号、1–19、東北大学大学院文学研究科。

執筆者紹介

阿　子　島　香（あこしま・かおる）
東北大学大学院文学研究科／考古学
佐　倉　由　泰（さくら・よしやす）
東北大学大学院文学研究科／日本文学
城　戸　　　淳（きど・あつし）
東北大学大学院文学研究科／哲学
浅　岡　善　治（あさおか・ぜんじ）
東北大学大学院文学研究科／西洋史
島　　　越　郎（しま・えつろう）
東北大学大学院文学研究科／英語学

人文社会科学講演シリーズ XI

未来への遺産

A Legacy to the Future
Lecture Series in Humanities and Social Sciences XI

2020 年 3 月 26 日　初版第 1 刷発行

編　者／東北大学大学院文学研究科
講演・出版企画委員会
発行者　関　内　　隆
発行所　東北大学出版会
〒 980-8577　仙台市青葉区片平 2-1-1
TEL：022-214-2777　FAX：022-214-2778
https://www.tups.jp
E-mail:info@tups.jp
印　刷　東北大学生活協同組合
〒 980-8577　仙台市青葉区片平 2-1-1
TEL：022-262-8022

ISBN978-4-86163-338-6 C1020
定価はカバーに表示してあります。
乱丁、落丁はおとりかえします。

読者の皆様へ

大学の最も重要な責務が教育と研究にあることは言うまでもありません。しかし、その研究から得られた成果を広く一般に公開し、共有の知的財産とすることも、それに劣らず重要なことのように思われます。このような観点から、東北大学大学院文学研究科では、従来よりさまざまな講演会を開催し、教員の日々の研究の中から得られた新たな知見を中心として、一般の方々に興味を抱いていただけるような種々の研究成果を広く公開して参りました。幸いなことに、私どものこのような姿勢は、多くの方々に支持を得てきたところです。この度創刊する人文社会科学講演シリーズは、本研究科による研究成果の社会的還元事業の一環として企画されたものです。本シリーズを通して、講演を聴講された方々はあの時あの場の感動を追体験していただけるでしょうし、聴講の機会を得られなかった方々には、新たな知見や興味ある研究成果に触れていただけるものと思います。本シリーズが、そのような役割を果たすことができたならば、私どもの喜びこれに過ぐるものはありません。読者の皆様のご支援を心よりお願い申し上げます。

2006年3月　東北大学大学院文学研究科出版企画委員会